JN138967

いつも 子どもを 真ん中に

上田精一

発刊に寄せて

ジグザグの道を真っすぐに

人間上田精一の教育・文化・平和論

早乙女勝元

人吉の情熱家先生

熊本県人吉市。熊本南部の山に囲まれた小都市で、名産品の球磨《くま》焼酎は、清流球磨川があってこその名酒で、酒飲みにはよく知られている。しかし、人口四万人ほどの温泉地で、現地を訪ねた人は、どのくらいいるのだろう。

そう多くはないはずだが、私は人の吉という地名をずっと忘れないでいる。そして、人善しか人良しでもいいのではないかと思っている。

なぜかといえば、そこには人間的な、いかにも人間臭い情熱家教師の上田精一先生がいて、その仲間たちや教え子たちが、先生のまわりに大勢いるからだ。元は中学の国語担当だった先生は、たいそうな映画ファンで、お酒と若い女性が大好きで（これは周囲のコメントによる）、めったにいないロマン派と受けとれよう。

私にもいささかの共通点があるけれど、当方は八十代なかばで、好きなお酒も少々。球磨焼酎だけは例外だが、若い女性は見るだけの存在でしかない。まあ、映画好きなのは変わりなく、青春期から現在にいたるまで続いている。

さて、その私と上田先生との関係だが、間接的に心が触れあったのかなあと思えるのは、かなり昔のことだ。

一九七四年、日本作文の会主催の夏の作文教育研究大会で、会場は姫路だった。私は例によって冷汗ものの講師で出向いたのだが、演題は「平和と教育を考える」だったかと思う。後で知ったことだが、上田先生たちは人吉から夜行列車で参加したのだそうだ。

講演の結びに、私は用意してきた平和教育のための短文記録を、朗読で紹介した。テーマは、米軍機B29による東京大空襲。昭和二十年三月十日未明の大規模無差別爆撃で、一夜にして、なんと十万人もの生命が失われている。

十日の朝がくると、軍隊、警防団、学生など、多くの男たちが狩り出されてきた。死体処理のためである。

このおぞましい作業に従事した一青年須田卓雄氏は、たまたま母親かと思われる黒焦げの一体に注目して、「美しい顔」と題する手記を残している。赤子を抱えて大地にうずくまった母の下には、大きな穴が掘られ、両手の指には血と泥がこびりつき、爪は一つもなかった、という。

「……どこからかきて、もはやと覚悟して、指で固い地面を掘り赤ちゃんを入れ、その上におおいかぶさって火を防ぎ、わが子の生命を守ろうとしたのであろう」(『東京大空襲・戦災誌』)。

この記録は参加者の心に響いたらしい。人吉から同行した先生の一人がいったという。「夜行できつかめぇ《きつい思いをしてきたが》おうてきたばってん、やっぱりきたかいがあったばい」と。

姫路集会から一年後、私は須田青年の手記をヒントにして、野良猫たちと大空襲との絵本『猫は生きている』(田島征三絵・理論社)を書いた。絵本といっても、読み聞かせに一時間はかかる長文で、しかも悲惨な結末だったから、子ども向けにはどうかなと、かなり悩んだのを覚えている。

ところが、この一冊は思いのほか反響が大きく、たちまちにして長篇の人形劇映画となった。それがまたすごい迫力で、試写で観た私は、しばらくは腰が立たなかったものだ。そして、おまけがついた。

人吉では当時、教職員組合の教文部長だった上田先生の音頭取りによって、『猫は生きている』の上映運動となった。座席数七百人の人吉市民会館での四回上映で、観客数三千人もの大成功をおさめたという。

人口四万人余の小さな町での三千人とは、驚異的な数字である。実行委員会を構成する皆さんの熱意もさることながら、上田先生の人徳と組織力が並のものではなかったのを知ることとなった。

そして一九七六年には、教組主催の教研集会に招かれたのだが、市内の小学校講堂が千人もの聴衆でぎっしりと満員で、大あわての私は、何回もとちった。

夜は交流会だった。古びた旅館の大広間で、実行委員会の皆さんとのひとときを、楽しく思い出すことができる。球磨焼酎も最高によかったから、ついつい飲み過ぎたけれど、同じ宿に泊まるとあって、油断したせいである。

上田先生はビール専門で、片手にジョッキを持ちながら、乾杯と握手をくり返した。そう大柄ではないのに、声量の大きさと豪放なタイプに驚いた。先生の授業は熱が入ると、隣の教室にまでビンビン響いたとか。

さもありなんと思ったが、ビール党の先生のユーモラスな一面に直接触れたのは、一九八一年夏のヨーロッパツアーである。

東ドイツとポーランドの旅で

私の企画で、第一回目だったが、親しい人たちと一緒だったらさぞ楽しかろうと、音楽教師のカミさんと相談し、これぞといった人に案内状を発送した。

目的地は東ドイツとポーランドで、ナチス・ドイツによる大殺人工場ともいうべきアウシユビッツを入れての一二日間だった。今から思えば、わりと長期のツアーで、三十人ほどの参加者の性格や気心も知れて、有意義な旅だったと思う。

その最初の一日目だったが、上田先生はたちまち参加者一同の笑いの中心にいた。トランクに入れてきた土産用の焼酎瓶の栓がゆるんで、持ち物すべてが焼酎漬けになっていたのだった。ふんぷんと匂う衣類に臆することなく、昼、夜の食事時には、ビールの大ジョッキを片手に、乾杯の蛮声となった。

翌朝、一同はバスで出発したのだが、ものの半刻も走らぬうちに、「トイレ、トイレ!」で大騒ぎとなった。上田先生だった。

「ちょっと停めてくれい、ちょっと!」

「あれ、さっき、すませてきたでしょう」

と、添乗員がいっても、朝からビールをガンガンやっていたのだから、どうしようもない。前をおさえて足踏みする姿には、ドライバー氏も苦笑、特別に臨時停車となった。おかげで私は、ヨーロッパの都市には、いかに公衆トイレが少ないかに気付いたのだった。これは人権問題ではないのか。

旅の始めから、先生が「アルコール連帯長」になった所以である。

〝教育三悪〟とたたかう

それやこれや、上田先生を巡る思い出は尽きることがないのだが、残念ながら、私は先生の授業を一度も参観する機会がないまま、一九九八年春に先生は定年退職となってしまった。しかし、これを記念して、多くの知人と仲間たちによる『精ちゃんの退職を祝うメッセージ集』が出た。私も書いているので、一冊が送られてきたのだが、たいそう充実した内容で、上田先生の日頃の言動が偲ばれる。

さらにまた、本書のゲラを真っ先に読むことができたのが幸運で、何度かうなずいたり、目頭が熱くなったりしたものだった。面目躍如たるもので、「アルコール連帯長もやるなぁ」と、思ったものである。

次に私の心に残った具体例の一端を紹介しよう。

上田先生は新卒の頃から、序列主義（能力主義教育）、管理主義教育、そして国による教育の押しつけ（国家主義）を〝教育三悪〟と見なして反発、批判の狼煙を上げ続けてきたという。

当時、勤務していた中学校では、テストの結果を集計して、上から百人までを職員室前の廊下に貼り出すことが、ごく当然のように行われていたという。しかし、それでは教育ではなく「競育」であり、子ども同士が信頼できる友ではなくなるという先生の懸念は取り越し苦労ではなくて、小学生時代に劣等感に打ちのめされていたわが屈辱の日々が、まざまざと思い出された。私は上田先生のような教師に巡りあうことがなかった。

「学習面などで、学級の仲間たちから遅れをとっている子どもたちのことを私は〝今、遅れている子〟と、意識的に〝今〟という冠をつけて呼んできた。〝今は確かに遅れているが、やがて伸びるのだ。その気になればできるのだ〟というロマンを持って、子らとかかわってきた」

と、上田先生は書いている。

ほんとうに伸びるのか。いずれ伸びるのがわかっていれば苦労はしないよ、の声もあるにちがいないが、先生が一例として挙げた野上信一（仮名）君の場合を本書で見てみよう。

信一君はひどく寡黙な子どもで、勉強意欲もないらしく、机上のノートはいつも白紙のままの問題児だった。家は早くに父親を悲惨な事故で失った母子家庭で、姉と三人家族。母はおそらく朝から晩まで働き詰めで、信一君は孤立した生いたちから言葉を失い、心を閉ざしてしまったものかと、上田先生は考える。

ところが、家庭訪問で見せた彼の表情がとてもおだやかなのを、先生は見逃さなかった。彼が心を閉ざしているのは、家庭以外に対してなのだ。そこで先生は、すかさず一矢を放つ。

「信一くん、ぼくは方角にとんと弱かったたい。次の○○さんの家まで案内してくれんかね」

と、語りかける。

彼は「はい」と素直に返事をして、玄関先に出る。「私はうれしくなって信一の肩に手を回し、ぎゅっと引き寄せた」とある。

それから、どうなったか。

本書の第一章を読めばわかることで、以後の信一君と上田先生がどのような関係を保ちながら、不遇な環境におかれた中学生がどう変わっていったかで、私たちは上田先生の体当たり的な教育理念の実際を知ることができる。教師は子どもと共にとよくいうが、子どもの心の傍観者であっては、子どもの心が開くことはないのだ。

子どもの心の動きを知るのに、特別なマニュアルはない。

あれば苦労はしないが、私たちが欠かしてはならないものに、人間的な洞察力の深さを挙げたいと思う。教師あるいは保護者の洞察力が不足していれば、日常の観察眼は鈍るし、子どもの変化も見逃しがちになるだろう。

上田先生の場合は、授業には直結しなくても、大変な映画ファンだったことに注目したい。地域での文化活動に飛び回り、映画文化協会を組織し、これまでに内外の名作から多くの感動を得てきた。さらに戦後の日本映画界を代表する今井正、新藤兼人監督らを人吉に招いて、交流を重ねてきた。それらが、いつしか子どもへの愛をはぐくみ、子どもを見る目の豊かさにつながったのではないか。

だからこそ先生は、その子どもの心を萎縮させ、ぬくもりを奪う序列・管理主義教育体制には、批判の声を上げざるを得なかったのだろう。仲間も共鳴しつつ、増えていったのだと思う。

個性的なスキンシップ

本書を読んでいてふと気付いたことだが、上田先生の教育学には、子ども生徒への直接的な励ましとして、その身に触れる例が目につく。

手っ取り早いのは握手だが、前述の信一君の場合もそうで、それからやっと作文を書いてきたひろし君の「両手を強く握りしめ肩をぎゅっと抱い」たり、そうかと思うと、女生徒四人の異議申し立てに謙虚にうなずいて納得し、別れぎわには「一人ひとりと握手」などとある。

ごく自然な励ましとして、そうこだわっているようには見えない。しかし、今だったらセクハラと受け取られかねない。かなり個性的なスキンシップが、生徒から保護者に伝えられて、紛糾するようなことは一度もなかったのだろう。だから臆することなく、ごく自然に書かれている。もはや遠い過去となったが、まだまだ素朴さの残るよい時代だったのだと思われる。

これが、上田先生よりも五年ほど年上の私の少年時代となると、とんでもない人権無視教育で、教育というのもはばかられる暴力が、なかば公然とまかり通る軍国主義一辺倒のミニ軍隊だった。教師から頻繁に与えられるのは、「よくやった」の握手なんかではなく、その逆の往復ビンタである。

そこで、ふと思い出したことがある。

しばらく前に、関西のある町の、市民団体による平和集会に招かれた。

会場には戦時資料類が並べられていて、手にすることができる。その一点は「修了記念」と印刷された卒業アルバムで、昭和十八年三月、京都市本能国民学校（小学校）のもの。冒頭に校長先生の祝辞が出ていて、私は思わず息を呑んだ。

「征け、戦へ、死ね」

とある。

この時期の戦局は急な下り坂だったが、学校長ともあろう者が、記念アルバムで「死ね」とは、非常識を通りこして、異常である。その異常が異常と感じられないところまで、戦争は人間的な感性と教育のありようを歪めていたことに、慄然とした。

まさに「狂育」そのものだが、そう認識した人は、どのくらいいたのだろうか。人びとは、異常を日常として受け入れざるを得なかったのだ。その代償はケタはずれの人命の犠牲として返ってくる。

東京の下町育ちの私は翌年の卒業だが、「一日も早く軍人になって神風を呼べ」と教えられた。「神風」を待つのではなく、特攻隊になれということだった。特攻作戦はすなわち自爆死である。時の権力が戦争のために真っ先に狙うのは、教育の管理統制と国家主義の押しつけではないのか。

日常とは何か。平和である。

今、その日常を異常にすり変える動きが、じわじわひたひたと迫ってきている現実を、私は恐れている。「真理と平和を希求する人間の育成」を掲げた教育基本法は、とっくに改悪され、「特定秘密保護法」が、さらに「安全保障関連法」(戦争法)が強行採決。次いで批判を許さぬ共謀罪の法案化に、原発の再稼働と輸出だ。子どもの命を第一義に考える想像力と洞察力の欠如たるや、はなはだしいものがある。

「四つの力」を持つ人間に

先の卒業記念アルバムの祝辞ではないが、明らかな異常が刻々と日常を侵蝕しつつある現実に、心ある者は見て見ぬふりはできない。

私たちは今、子どもを真ん中にして、綱引きをしているとでも思いたい。異常の引き手は、まさか「死ね」とはいえないが、自衛隊を海外にまで出動させ、「征け、戦へ」と、ひそかにもくろんでいるやからだ。こちらの引き手は、子どもにはなによりも真理と平和を、そしてずっと戦後のままの社会をと願っている人たちだ。


生ききたるジグザグ道の我が行路　ただ真っ直ぐは反戦の道

と詠った上田先生は、まさしくこちら側の強力な引き手の一人だ。

私は自作の映画「戦争と青春」の企画から公開までに、何度か今井正監督と話し合う機会があったが、話が上田先生の近況に及んだことがある。今井監督は煙草をうまそうに吸いながら、目を細めてこういった。

「日本の教育や文化は、ああいう縁の下の力持ちによって支えられて、今があるんですよ。これからもね。そうじゃないですかなあ」

「はい、同感です」

私は、きっぱりと答えたものだ。

しかし、「縁の下の力持ち」が教壇を去ることになったのが、一九九八年のこと。定年退職である。

全校生徒を前にしての退任式で先生は、同僚たち、そしていつもよりもつきつめたまなざしの生徒を前にして、「四つの力」を持った人間になれと訴えた。

①生命を大切にする人間に
②手をつなぎ共に歩く人間に
③平和を愛し平和を大切にする人間に
④だまされない人間に

上田先生の教育実践は、これでめでたく終了したわけではない。これからが大事なのだ。教育現場から離れても、「夢を共有する仲間」たちと共に、戦争の兆《きざ》しにNOの綱を引き続けることを願ってやまない。本書はそのためのステップというか、よくバネのきいたスプリングボードになることだろう。

＊付記　私の四回目の人吉行きは二〇〇八年五月二日の憲法集会でしたが、もっぱら上田先生らの奮闘によって実現したものです。その時は珍しく家のカミさんと一緒でしたが、一ヵ月後に彼女は急逝。あの日あの時の皆さんの熱気を心に旅立ったものと思います。

4章　今、教育が抱えているいくつかの問題

終章　平和のバトンをつなぐ

《表紙カバー写真》山口啓二

序章　教育は愛

1　震災をこえて

東日本大震災そして四十四年ぶりの〝授業〟

二〇一一（平成二十三）年九月、還暦同級会に招かれた。球磨郡五木村立五木北小から五木二中に進み、一九六七（昭和四十二）年に卒業した三十八人の子らがもう還暦を迎えたのだった。卒業以来、節目節目で彼らに招かれ、その都度、小学校六年の担任だった尾方充《みつる》さん（八二）とともに参加してきた。

この子らは小六から中二にかけて三年連続の大洪水を体験した世代だ。尾方さんは小学六年のときの水害の体験文集を持参し、作文を読み上げながら子らが体験した大洪水を生々しく語った。いっぽう私は、ある〝授業〟を開いた。東日本大震災の悲惨さを共有し、被災地に思いを馳せたかったからで、前もって同級会の幹事の吉松ひとみに半世紀ぶりの〝授業〟を申し入れておいたのだった。

「わっ、授業ですか。質問だけはせんでくださいね」と釘を刺されたが、この企画にはまん

五木二中の子らと（横たわっているのが筆者）

ざらでもなさそうだった。

会場の人吉市のホテルあゆの里では、臨時の〝教室〟が設営され、鴨長明《かものちょうめい》の『方丈記《ほうじょうき》』の一節を広用紙に大きく書いて黒板に貼り出した。

そのさま世の常ならず。山はくづれて河をうづみ、海かたぶきて陸地《くがち》をひたせり。地さけて水わき出で、巌《いわお》割れて谷にまろび入る。なぎさ漕ぐ船は浪にただよひ、道行く馬は足の立《た》ち処《ど》をまどはす。都のほとりには、在々所々、堂舎塔廟《どうしゃとうみょう》ひとつとして全《また》からず、或はくづれ、或はたふれぬ。塵灰《ちりはい》たちのぼりて、盛りなる煙《けぶり》のごとし。地うごき、家やぶるる音、雷《いかづち》にことならず。家のうちにをれば、たちまちにひしげなんとす。走りいづれば、地割れ裂く。羽なければ空をも飛ぶべからず。

龍《りゅう》ならねば雲にのらむ。恐れの中に恐るべかりけるは、ただ地震《ない》なりけりとぞ覚え侍《はべ》りしか。（『日本古典文学全集』小学館　振り仮名は現代仮名遣いにした）

〝授業〟は、その文章をみんなで音読しながら八百年前の大地震を追体験することから始めた。

「今年三月十一日の東日本大震災は自然災害に加えて福島の原発事故も起こし、事態は深刻です。作者の鴨長明がこの惨状を見たら今、どう表現するでしょうか」と結んで、〝授業〟を終えた。

私たち教師二人の「還暦おめでとう」の祝辞のあと祝宴となった。大洪水を語った尾方さんの周りでは三年つづきの五木水害の話が、私の周りでは〝授業〟にかかわっての大震災や原発の話がしばらくつづいたのだった。

「中学時代にタイムスリップしたごたる」

「『方丈記』の授業、緊張したばってんよかったですよ。テレビで見た東日本大震災とダブって胸が痛うなりました。昔とちごうて今の震災は原発事故も恐ろしかですよね」

「遠か福島の話じゃなかばい。川内原発にも近《ちか》かし、玄海原発もあるし、ひとごとじゃなか。原発事故は人災じゃもんねえ」

〝生徒〟たちの話を聞いて私は告白した。

「そうたい、実はおれも、原発が日本の海岸地帯に五十四基もあるとは知らんだったとよ。恥ずかしい話だが」

この五木二中は一九九五（平成七）年に廃校になり五木中に統合したが、木造校舎は今も当時のまま。五木村宮園を訪ねるたび、校舎の前に立って青年教師時代を追想するのが私のならいとなっている。

熊本地震と学生たち

『方丈記』の記述や、芥川龍之介の関東大震災の記述に待つまでもなく、日本が地震列島であることは周知のとおりだ。昨年四月、震度七の地震が二度にわたって襲った熊本地震は余震がつづき、震度一以上の揺れがついに四千回を超え、昨年末で四千二百回余に――。いつまた激震に襲われるのか、被災地の不安は募るばかりだ。

いわゆる「前震」が発生した四月十四日午後九時二十六分、私は長崎県南島原市口之津の二女宅で夕食中だった。新鮮な刺身を肴に妻と晩酌を楽しんでいた。

突如、激しい揺れが襲った。一瞬私は貧血を起こしたのかと思い、テーブルをつかんで踏ん張った。二女が大声で「これ、地震よっ」と叫んだ。夕食を終えていた中高生の孫たちは、それぞれの場所で声もなく立ちすくんでいた。テレビをつけると、熊本城から土煙が上がっている。

「わっ、熊本城が崩れよる」

息を呑み、テレビに見入った。

翌朝のテレビ、新聞で益城町で震度七、熊本市内で震度六弱など、熊本県を中心に西日本全域に被害が広がっていることを知って、テレビから離れることができなかった。

その日は終日、全国各地の友人、知人からの電話やメールの応対に追われた。人吉のわが家が気になり、お隣さんに電話すると、「小物が落ちた程度ですんだばい。お宅の瓦もちゃんと載っとるよ」との返事にひと安心。

翌十五日からフェリーは欠航で足止め。十八日から映画センターの会議で京都に行くことになっていたのでなんとしても帰りたかったのだが……。

さらにその翌十六日深夜一時二十五分、再び大きな揺れが襲った。いわゆる「本震」だった。この本震で阿蘇大橋、日本三大楼門の阿蘇神社が崩壊した。

私たち夫婦は十七日の午前、二女一家の不安げな見送りを受けて車に乗った。口之津から天草の鬼池港に渡り、さらに沿岸道路を本渡、天草五橋から宇土半島の南側に向かった。天草も宇土半島も目に見える限りでは大きな被害はないように見えた。

途中、余震でハンドルがとられはしないか、崖が崩れてきはしないかという不安におびえつつの運転ではあったが、数時間かかってかろうじて人吉にたどり着いた。家の中に入ると、部屋中小物が転げ落ちていた。車庫の二階の書庫は資料や本やビデオテープが散乱し、足の踏み場もない状態だった。隣近所のみなさんからは、「人吉もえらいな揺れでおとしかった《おそろしかった》とですばい」という声を聞かされた。

熊本日日新聞を開いてみると、一面に「M7・3　死者41人に　熊本地震『本震』　9万人超避難不明者も」とあった。ページをめくると、地震関係の記事で埋まっている。二三面の「天井いきなり落下　南阿蘇村　やさしい先輩『まさか』学生アパート3人死亡」の見出しが飛び込んできた。阿蘇大橋の近くにある東海大学阿蘇キャンパスの学生が犠牲になったのだった。この大学には三十年来の友人山下雅彦教授が勤めている。心やさしい学生思いの山下さんの髭面が目に浮かんだ。

熊本地震の恐怖と被害の甚大さが実感として迫ってくる。テレビでは被災地ルポが絶え間なくつづいていた。

昨年暮れの十二月二十六〜二十七日、第六十一回九州民間教育研究集会（九州民教連）に参加したおり、久しぶりに山下さんと出会った。

話の中で山下さんは、「熊本地震を機に『方丈記』を読み直しましたが、一一八五年に京都を襲った〈元暦の大地震〉の描写が熊本地震に襲われたときの状況とあまりにも似ているのに驚きました」と言いながら、彼がまとめた「熊本地震と子ども・若者」（『子ども白書２０１６』所収）とのかかわりで『方丈記』の中の次の文章を読みあげた。

　かくおびただしくふる事（揺れること—筆者註）は、しばしにてやみにしかども、其名残《そのなごり》、しばしはたえず、世の常におどろく程の地震《ない》、二三十度ふらぬ日はなし。十日廿日すぎにしかば、やうやう間遠になりて、或は四五度、二三度、若《もし》は一日まぜ、二三日に一度など、大かたその名残三月《みつき》ばかりや侍《はべ》りけむ。（『日本古典文学全集』小学館　振り仮名は現代仮名遣いにした）

「私も東日本大震災の年に、還暦同窓会に招かれたのを機に読み直し、その真に迫った描写に感じ入ったのを覚えています」

「いや、同感です。熊本地震では阿蘇大橋が崩れ落ち、この橋のそばの東海大学農学部と学生村は甚大な被害をこうむりました。アパートが倒壊し三人の学生が亡くなりました。断腸の思いです」

山下さんは深いため息をついた。講義を再開したのは被災後二か月半のブランク（休校）を経てだったという。彼自身の震災体験をはさみながら「自然との共生」について語ったという。その講義についての学生たちの感想集「熊本地震と私〜六十五人の証言」を読むと災害体験によるPTSD（心的外傷後ストレス障害）の症状と思えることなどがリアルにつづられており胸が痛む。

●地震にあった直後、悲鳴のような幻聴が聞こえてきたりなど過覚醒になり、眠れない日が多くなりました。

●実家に帰ったあとも、夜寝るのが怖くて、朝方に寝るという生活をしていました。まわりの人に話を聞いてもらい、落ちつくことができました。

●私が心身ともに大きな傷が残らなかったのは、入学後に仲よくなった友だちと一緒に行動できたからだと思います。知りあいがいるだけでも心強いのだと実感しました。

●今日の授業で「サバイバーズ・ギルト」（筆者註・生存者が抱く自責の念や罪悪感）のことを知り、少し気持ちが楽になりました。先に帰省してしまったことへの罪悪感、何も手伝うことができなかったことへの自分に対する怒りと後悔があったからです。

阪神・淡路大震災を子らはどうとらえたか

さらに次の証言を読み、私はふと阪神大震災後の国語の授業（詩を書く）を思い出した。

●地震が起こって、気づかされたことがあります。それは人とのつながりについてです。すぐに行動を起こし、支援物資などを送ってくださり、私たちは命を助けてもらいました。人間の強さは人と人とのつながりだと思いました。

●当時、同じアパートの人や見ず知らずの人にいろいろと助けてもらい、こういうときこそみんなで助け合うのが大切なんだとよく分かりました。大変でしたが、友人との絆が深くなり、さまざまな意味で忘れられないです。

一九九六（平成八）年一月、インフルエンザが大流行し、人吉二中も休校となった。この機会をとらえての国語部の課題は「阪神・淡路大震災」をテーマに詩を書くことだった。〝生き地獄〟を体験している被災地の人たちの姿を新聞やテレビを通して見つめ、自然への恐れと、苦難に耐え力を合わせて立ち上がろうとしている人々について認識を深めてほしいと考えたからだった。「体調のいい人は震災関係のテレビ番組をよく見なさい」と言って下校させた。

数日後、次々に提出してくる詩はどれも震災を自らの問題としてとらえており、思いやりや連帯感、やさしさが伝わってくるものばかりで、課題を出した私たち教師の心を揺さぶった。たとえば次の詩もそうだ。

生きとるぞ　　二年　山口愉美子

瓦れきの中から人の手が出ている
「ウアッ」ついテレビから目をそむける
もう百五時間も埋まっているのだ
救急隊の人が脈をとる
「生きとる、生きとるぞ」
大きな声でさけぶ
どっとかけ寄る人々
宝物でも見つけたような目

私もこぶしをにぎっていた
土を取りのけると
おじいさんの顔が現れる
水を与える
おいしそうに飲み、かすかに笑った
「ようがんばったな」
「がんばりやぁ、ちゃんと生きるんだで」
はげましの声をかける人々
百五時間
瓦れきの下で生き続けていた
七十三歳のいのち

次の詩も忘れ得ぬ作品の一つだ。作者の福田龍太は私が人吉二中に転勤した年に出会った、もの静かな笑顔のかわいい生徒だった。一年学年文集の巻頭詩に決まったときのうれしそうな笑顔を今も思い出す。

水

一年　福田龍太

部活がやっと終わった
とてものどがかわく
水道の蛇口を回して
水を出す
飲みたいだけ飲む
冷たい水が
食道を通っていくのがわかる
とてもおいしい

地震で瓦れきの街となった
阪神地方では
のどがかわいていても
配給の水しか飲めない
水道の蛇口を

どれだけ回しても
水は出てこないのだ

このおいしい水が
蛇口を回せば
被災地に
どんどん届くような
機械ができればなあ
水を飲みながら考えた

前述の還暦同窓会の〝授業〟では触れなかったが、『方丈記』にはこうも書かれている。「月かさなりとしこえしかば、後は、ことの葉にかけていひ出る人だになし」と——。八百年前の鴨長明のことばどおり、月日が経てば人は忘れ去ってしまうのである。地震列島に生きるわれわれ日本人は地震による恐怖と不安の中で生きていかねばならない宿命にある。M七以上の地震は、これからもかならず起きる。大切なことは被災者への心のケアを含む支援活動と同時に、被災した人々に心を寄せつつ、震災体験を忘れることなく日常の中に活かすことだと思う。〝震災をこえる〟ということは、そういうことではないのだろうか。

2　誰にも見せんでください

祥一の手紙

定年退職を一か月後にひかえた一九九八年（平成十年）三月七日の放課後のことだった。中間祥一が一冊のノートを持って職員室にやってきた。同僚の教師たちの目を気にして、周りを見まわしながらそっとその大学ノートを私に手渡した。

「先生は退職、おれは卒業。先生！　この国語のノート、おれの記念に持っといて。中に手紙ば書いたけん、あとで読んどいてください。誰にも見せんでくださいい」と小声でささやき足早に立ち去っていった。

開いてみると、「上田先生ありがとう」という書き出しの二ページにわたる手紙であった。おそらく時間をかけて書いたのであろう。一文字一文字ていねいな文字でつづってある。

今日、三月五日の一時間目で中学最後の国語の授業が終わりました。僕は二年二組から三年五組の二年間、上田先生に国語をならいました。二年生の時からのことをふりかえると、テストの成績も悪くミニ漢字テストでは成績は非常に悪く『個別指導組』という漢字の苦手のあつまりに入っていました。それでも上田先生は僕にあきらめず熱心に教えて下さいました。

僕はそんな上田先生が好きでした。だから僕は先生から見放されたくないと思い、三年生からはせめてミニ漢字テストでは満点がとれるようにしようと自分の目標にしました。それでも満点がとれない時もありました。だから三年の三学期では通知表では国語は5をとろうと僕は頑張ったつもりでした。

長いようで短かった二年間でしたが、一番印象に残っているのは二年生の始《ママ》めの国語での「授業びらき」です。上田先生のことは何も知らずに先生が自己紹介をしている時のことですが、ノートの使い方でした。「えーまず、ノートを三段にわけて下さい。そして一番上に黒板に書いたやつを書き、二段目はその時私が言ったことを書いて下さい。そして一番下はその日あった授業の感想を書いて下さい」と言ったことでした。これになれるのはちょっと大変でしたが、今になってみるとわかりやすいかなーという気持ちもあります。

この長いようで短かった二年間の国語の授業では、僕にとって上田先生は「ものしり辞典」のようにもかんじました。こんな先生はめったにないと思います。これから上田先生は退職をされ第二の人生を歩むわけですが、なにをされますか。僕は多良木高校に行きたいと思っています。そして伝統工芸みたいな仕事をしたいと思います。

最後になりますが、一つお願いがあります。それは健康でいて下さいということです。またご縁があったら会いましょう。本当に有りがとうございました。これをもちまして最後の国語の感想とさせていただきます。（僕のこと忘れないで下さいね。）

なぜ個別指導を

私は国語の授業の中でせめて読み書きの力だけは子どもに身につけさせたいという願いを持っていた。そのために国語辞典に加え漢和辞典の購入についても各家庭に協力をお願いした。漢字をただ機械的に丸暗記させるのではなく、漢字の成り立ちから教えようというのがそのねらいであった。新出漢字の中から五問テストをやっても書けない生徒が各クラスに五、六人はいた。そこで私は部活の顧問の了解を得て、数回、放課後の三十分から一時間程度を使って個別指導をすることにし、授業の終わりに次のような誘いをくり返した。

「授業の中では漢字の読み書きに多くの時間をかけることはできません。そこで、放課後の学習会では漢字の成り立ちや意味、筆順、部首、音読みや訓読みなどをくわしく学び合おうと思っています。漢字について一緒に研究しようというわけです。一緒に楽しみながらの学習会です。漢字は百回書いても自分のものにはなかなかなりません。私もそういう覚え方は大きらいでした。漢字を覚えるのが苦手、読みを覚えきらんという人は参加してください」

原則として希望制をとった。漢字を学ぶ喜びを得るには押しつけではだめだ。子どもたち一人ひとりが興味を持たなければどうにもならないと、これまでの漢字指導で痛感していたからだ。しかし、率先して希望してくる生徒は残念ながらいなかった。やってきたのは私の笑顔の誘いにのってなんとなくやってきた生徒がほとんどだった。そんななか祥一だけは、

「先生、おれ、字ば覚えるのがとんと苦手。覚え方ば教えてください」

と言って希望してやってきたのだった。

「祥一、『教壇』はなんで土扁か、わかるか」と問いながら、「昔はな、壇は土を盛って作った

とたい。だけん《だから》、土扁」

「先生、だけん、漢和辞典ば使わんばんとたいねぇ《使わなければならないんですね》。漢字の歴史がわかっとおもしか《おもしろい》。おれ、がんばるけん」

　と言って目を輝かせた日のことをきのうのことのように思い出す。祥一はその後、私が参加してほしいと思っている生徒を、私が誘う前に自分の判断で誘ってくるようにもなった。

　祥一が志望校の多良木高校に入学したことは知っていたが、その後は特に連絡をし合うこともなく時は流れた。ただ「僕のこと忘れないで下さいね」という少年祥一のかわいい要求にはこの手紙を今も大切にしていることで応えてきた。いや、ただ大切にしているだけでなく、退職後多くの場面でこの手紙を紹介してきた。定年退職後の熊本大学や人吉看護専門学校での教育学の講義やＰＴＡ、教育研究集会での講演の結びなどで祥一の童顔を思い浮かべながら読み上げた。

　私が祥一の手紙を講義や講演のまとめの段階で引用したのは、次のような理由からである。その一つは、教師が子どもに「あきらめず熱心に教える」ことで子どもは教師を「好き」になる。教師から関心を持たれることで教師から愛されているという安心感を持つ。さらにもう一つ。「好き」な先生から「見放されたくない」「先生の期待に応えたい」という思いで、学ぶ意欲をかきたて努力する子どもに育つ。

今も昔も中学生は――

　祥一と別れて十九年の間に、講演などでこの手紙を何度も読み上げてきた。そのたびに退職する私への祥一のやさしさや思いやりの心に触れ胸が熱くなってくる。参会の人たちも感動の面持ちで聞いてくれる。中には涙を拭っている人もいる。それはマスコミなどで、非行、いじめ、自殺など中学生をめぐる否定的な側面ばかりが強調されるため、今の中学生は怖い、何を考えているのかわからない、昔とずいぶん変わってしまったなどという見方が広がっているからではないのか。そんななか教師に心を開いた祥一の純真で素朴な姿に心洗われての感動なのではなかろうかと、私は祥一の手紙を読み上げるたび思ってきた。

　中学生たちは昔も今も純真、素朴。みずみずしい感性の持ち主なのだ。変わったのは中学生たちをとりまく環境だ。競争と管理でがんじがらめにされ心を閉ざしていく中学生たちの底流には、正義感に満ちた頼もしい中学生が生きている。私はそのことを中学生とともに生きてきた日々の中で痛感してきた。月並みな表現ではあるが〝教育は愛〟であると、今は私の宝物の一つとなった祥一の手紙を読むたびに思う。愛があれば中学生たちはそれをバネに心を開き、自立へ向かってたくましく旅立つことができるのである。

祥一はその後大学に進み、卒業後医療器機販売会社に就職。大学時代の同級生の紹介で水俣出身の女性（看護師）と結婚し一児をもうけた。熊本市南区に家も買った。このたびの熊本地震で祥一の家は壁にひびが入ったが、かろうじて大事に至らなかったため、被災した勤務先の同僚たちを自宅に呼び寄せ共同生活をしているという。

祥一が敬愛する家具店を営んでいる叔父（母の弟）の山上貢司さんは、

「祥一はやさしくめんどう見のよか子でしたが、今もその点は変わらんですなあ。中学時代は私について伝統工芸の仕事ばしたて《したいと》言うとったばってん、この仕事じゃ飯は食えんと勧めんじゃったとですよ。今の医療機器の仕事は祥一にぴったりと思うとります。ようがんばっとるようでうれしかです」

と目を細める。

1章 いつも子どもを真ん中に

1 わかってほしい、ヒュウになったもんの気持ち

父親のことば

「先生たちゃヒュウ（びりの意）になったもんの気持ちはわかんなれんでっしゅうなあ《わからないでしょうなあ》。学校時代は成績のようあんなったろうで《よかったでしょうから》」

私が教職に就いた二年目の家庭訪問の折であった。焼酎を飲みながらある父親がとつとつと語ることばにハンマーで頭を殴られたような衝撃を受けた。父親は正座してかしこまっている小柄の息子の頭をなでまわしながら、こうも言った。

「勉強はでけん子ですばってん、牛の世話は一人でしてくるっし《してくれるし》、よう働いてくれて助かっとりもす。ばってん、学校じゃようとわからんヒュウの子ですもんなあ」

当時勤めていた人吉一中（生徒数千六百人）でも、テストの結果を集計して上位百番まで

新任のころの授業風景（人吉一中　1962年）

を職員室前の廊下に貼り出すというようなことがごく当然のように行われていた。父親はこのやり方をやんわりと批判したのだ。

成績順位が毛筆ででかでかと張り出されるたびに、私は成績上位の生徒は優越感が、成績下位の生徒には劣等感が生まれるだけで、百害あって一利なしだと職員朝会や学年会で声を荒らげて言い募り、そのつど同僚教師の顰蹙《ひんしゅく》を買っていた。今、思い返すと、当時の私は教育とはなにか、学力とはなにか、テストとはなにかという教師にとってもっとも必要で基本的な理解に欠けていたために、なぜテスト結果を貼り出すことがいけないのかを先輩や同僚教師の心にストンと落ちるようにわかりやすくかつ論理的に説明することができず、そのつど悔しい思いをしていたのだった。

家庭訪問で、この父親の言葉を聞くまでヒュウになった子の悲しみやつらさをまるごと受け止め深く考えることがなかったのも確かだった。父親の話を聞いて初めて、自分は順位公表に反対しているんだ、子どもの側に立ち子どもを守っているんだという傲慢《ごうまん》さや、成績下位の傷ついているであろう子どもたちへの思いの足りなさに気づかされ、恥ずかしさでいっぱいになった。

それ以後このような序列、偏差値教育を〝教育でない教育〟として批判しつづけることになった。父親のことばは私のその後の教育実践の原点ともなったのだった。教育とは本来子どもと子どもを競い合わせるものではなく、子どもと子どもをつなぐ仕事、つまり連帯感を育てる仕事だと常々思っていた私は、勤務校が変わっても学年会や職員会議で序列主義の問題点について胃が痛くなるような思いで意見を述べつづけた。

「子ども同士が競争相手であり敵であるので冷たい人間関係をつくり出し、やさしさや連帯感は育たない」、「成績上位の子には優越感や慢心、下位の子には劣等感や卑屈な心が生まれるだけで生徒の人格形成を妨げ、ゆたかな人間性は育たない」などとくり返し述べてきた。

〝テスト主義教育〟とのたたかい

中間、期末テストなどを集計し、序列、偏差値を出して親や生徒に伝達する。自らの指導の欠陥は問わず、ただコンピューターではじき出された結果のみを、いかにも権威あるもののごとく伝えてこと足れりとしている教師。親や子どもはそれを見て〝上がった、下がった〟と一喜一憂する。

いっぽう、テスト業者は、「業者テスト」の導入をあの手、この手で勧誘する。「やってない学校はあと数校になりました」などと言ってあおる。業者テストの弊害（差別・選別を許し、落ちこぼれを助長し、ひいては非行・いじめを誘発する）が問題化した一九七六（昭和五十一）年以降、熊本県教委は中学校に対して、〝業者テスト依存の教育〟を戒める通達をくり返し出してきた。それを受けて、校長会もそのつど使用全廃を申し合わせた。しかし、現場では学力充実のためなどとさまざまな理由をつけて八割以上の学校が導入していた。

学校教育の問題といえば、当時も今もその中心は常に学力問題であった。それも点数で測られる偏差値学力、受験学力ということになる。小中高校時代を比較的成績上位で過ごしてきた教師たちのほとんどは、序列を出すことに強く抵抗しない。入試制度がある以上、やむを得ないと思っている。だから入試という点数による競争に勝たせるために業者テスト採用の話に簡単にのってしまう。

またいっぽうで、親の強い要求もある。希望校にぜひという願いを持つ親たちは、偏差値や序列を出してハッパをかける受験指導に熱心な教師を〝よか先生〟として歓迎する。順位を知らせてもらわないと子どもの力がわからない、励ましようがないと業者テストの採用を迫り、順位の公表を要求する。だから業者テストともなかなか絶縁できないのである。

テスト主義教育に抗《あらが》って

そんななか、一九七〇年代に入ったころからこのテスト主義に対する批判の声が全国的に高まった。マスコミでも大きくとりあげられるようになった。そのことに力を得た私は、新卒当時のようにただ感情的に反対するだけでなく教職員組合による学力テスト反対闘争のなかで学んだことを生かして、組織的に理論的に批判活動を展開するようになっていた。通知表の評価方法を子どもの学力との成果を反映しない五段階相対評価からその反対の到達度評価に変える運動が起きたのもこのころであった。

教職員組合人吉球磨支部（組合員八百人）の教育文化部長をしていた私は〝テスト主義教育にメスを〟という運動を提起した。また代議員会で「中間期末テストの順位公表をやめる」という申し合わせもした。しかし、組合として申し合わせはしてもいざ実践になると簡単にはいかず、「順位を知らせてほしい」という保護者の要求に押し切られる学校があい次いだ。

一九七一（昭和四十六）年から三年間の教組支部書記長（専従）の任を終え、在籍校の多良木中に帰ったのは一九七四（昭和四十九）年四月。組合帰りの〝アカ教師〟（と、陰口をたたかれていた）は一年担任となり、序列・偏差値教育は教育でなく〝競育〟（狂育、脅育などという言葉も使った）だとして、テスト主義教育とのたたかいをつづけた。

「上田先生が担任でついとらん」という親や生徒の声が耳に入った。希望の高校にぜひという願いを持つ保護者は序列を出してハッパをかける受験指導に熱心な教師を〝よか教師〟として歓迎する。「順位を知らせてもらわないと子どもの学力がわからない。励ましようがない」と順位の公表を厳しく要求してくる。そんなとき、「順位公表を認めれば不評を買わずにすむのに」と気持ちがぶれることもしばしばだった。そのたびにヒュウの子の気持ちを訴えたあの日の父親との場面がよみがえった。

序列主義教育を批判するとき、百人力、万人力の味方として愛読していたのが、丸木政臣《まさおみ》著『親と教師に訴える』（あすなろ書房）であった。その中の「そもそもテストとは」という文章を印刷し、職員会議、学年会、学年ＰＴＡ、学級ＰＴＡなどの学習資料にした。反論のしようのない説得力のある文章であるが、それでも多くの親や教師は「理想としてはわかるが、現実は……」と反論した。

点数で序列化される〝被害者〟の生徒にもこの文章を配り、ホームルーム（学活）の時間を利用して「テストとはなにか」について考える資料にした。話し合いのあと、班ノートにはその感想が克明につづられていた。私は「学級だより」にその感想（順位公表に対する賛否の意見）を載せ、保護者への問題提起にした。

今、『勉強、テストについて』話し合っているが、第一の話題になっているのが、順位を出すか出さないかについてだ。この間の学活で話し合った。でも先生の話で気が変わった。（中略）もし、私たちがどんなにがんばってもいつも悪い順位しかとれない、そんなだったらどうだろう。（中略）みんな自分は自分なりにがんばってそれだけの成績なのだ、みんな一番というわけにはいかないだろう。私は、先生の話を聞いているうちに順位なんていらないと思うようになった。（女子）

「いつも悪い順位しかとれない」、「みんな一番というわけにはいかないだろう」というこの女生徒の感想は偏差値教育、つまり相対評価の問題点を鋭く衝《つ》いている。このときの生徒たちの話し合いでも、それでも順位は知りたいという次のような感想もあった。

「今、『順位を知りたい』『テストとは何か』ということで学級で話し合っているが（中略）そのときそのときの目標をたてるためにも順位はあった方がいいと思う。自分が今どんな位置にあるのかがわからなければ闘志もわかないと思う。(中略)順位を知ることによって『あれ、今度はあいつに負けたのか、今度こそがんばるぞ』そう思って頑張るんじゃないかと思う」(男子)

生徒の感想の載ったこの「学級だより」を読んだ保護者からは「高校入試がないなら気にもしないが、入試がある以上、やはり公表してほしい。その方が子どもの勉強の励みになるのではないか」といった要望がことあるごとに出され、序列主義教育の根の深さを痛感したものだった。

とにかく、この問題は多数決で簡単に結論を出すような問題ではない。序列を出すことの問題点を知り合うことが大切だと考え、自らにむち打って、序列論争をつづけてきた。この論争の中で常に私を叱咤激励したのが、冒頭の父親のつぶやきだった。

そして、一九七七(昭和五十二)年、四校目の多良木中で学年としての順位を出さないことが決まった。あの日の感動が今もよみがえってくる。やがて、それは他学年へも広がった。

順位の公表をやめたことにより、生徒たちの中にテスト主義教育独特の、あのギスギスした雰囲気はなくなった。教師の側にも、点数や順番だけで生徒を見たり語ったりするようなことが少なくなった。みんなで力を合わせ、みんなで伸び合うことを目標に学級経営や授業に取り組んだ。たとえば学習リーダー（小先生）による教え合い学習もその一つである。「教ゆっとは《教えるのは》むずかしか」などと言いながら、額を寄せ合っている姿は序列主義教育の中では見られない風景である。やさしさや連帯感の育つ、このような学習形態こそ人間を育てる教育なのだと思わないではいられなかった。

教え合い学習によってわかった喜びをつづった班ノートの文章や、欠席者に「授業メモ」を渡して授業内容を復習するなど積極的な学習への取り組みのようすを「学級だより」やその他あらゆる機会に家庭に知らせる努力を重ねているうちに、父母の中に一定の〝世論〟がつくられ、理解も深まり支持者も徐々に増えていった。

多良木中のこのときの決定は組合の会議でも話題になり、他の中学校を刺激したのは言うまでもない。あの父親の言葉を聞いてから既に十五年の歳月が流れていた。

2　どんな子も伸びる

無気力な信一

　学習面などで学級の仲間たちから遅れをとっている子どもたちのことを私は〝今、遅れている子〟と、意識的に「今」という冠をつけて呼んできた。「今は確かに遅れているが、やがて伸びるのだ。その気になればできるのだ」というロマンを持って子らとかかわってきた。

　野上信一（仮名）もそんな子の一人だった。

　信一はまったくといっていいほどものを言わない生徒だった。教師の問いかけにも、ただムスっとしているだけでほとんど声を発しない。勉強意欲もないようだった。机上に出しているノートはまったくの白紙だし、授業中鉛筆を握ろうともしない。

　錦中勤務だった一九八三（昭和五十八）年、その信一が二年になって私の担任する学級に

入ってきた。

昨年一年間、教科担任として国語の授業をしながら、ついに信一と言葉を交わすどころか、教科書の朗読をさせることさえできなかった。朗読をするようにと指名しても、立つには立つが、決して読もうとはしない。ただ、突っ立っているだけだった。

〝ほんとうにどうにもならんのだろうか〟、そういう思いを抱きつつ五月の家庭訪問の時期を迎えた。信一の心をつかむなんらかのきっかけが得られないものだろうかと、期待半ば不安半ばの気持ちで信一宅を訪問した。

信一は母親と姉と三人家族であった。父親は彼が幼少のころ亡くなっていた。けんかの仲裁に入って逆にこん棒で頭を殴られての事故死だった。以来、信一と彼の姉は会社勤めの母親の手一つで育てられてきた。その不遇な生い立ちを知って、私は思った。信一はことばをうばわれてしまったのではないか、心を閉ざしているのではないか。

母親はしみじみと言った。

「先生、主人はこの子に期待してむぞがっとりました《かわいがっていました》――。」

その大好きだった父親を悲惨な事故によって突然うばわれてしまった。幼心に受けた傷は深いものだったにちがいない。

「ばってん、今のままじゃ高校にも通りまっせん。せめて高校までは、と思うとります。もっと勉強するごとよろしゅう頼みます」

母親のことばを聞きながら信一に目をやった。はっとした。学校では見せない柔らかな表情。母親には明るく接し、声もはっきりしている。私は思った。彼が心を閉ざしているのは家族以外の人間に対してなのだ。彼の心ともっと触れ合わなければならない。

家を辞すとき、ふと思いついて、

「信一くん、ぼくは方角にとんと弱かったい。次の○○さんの家まで案内してくれんか」

と語りかけた。彼は「はい」とはっきりとした大きな声を出し、私の横に立った。信一の声を初めて聞いたような気がした。私はうれしくなって信一の肩に手を回し、ぎゅっと引き寄せた。

少しずつ少しずつ

翌日から彼の姿を見れば声をかけた。

「お母さんは元気か。仕事で疲れとんなるけん、ときには肩ばもんでやれよ。信一はマッサージの上手じゃもんね」

「姉ちゃんとは仲良うしとるかい。勉強のわからんときは姉ちゃんに聞けよ」などと。

なんとかして信一とのコミュニケーションをとりたいと思っていた私は昼休みに彼を職員室に招き、「信一、肩ばもんでくれんや」と頼むと、黙々ともんでくれていた。

そしてある日のことだった。昼休み、事務をとっていると人の気配がする。ふり向くと、信一が笑顔で立っている。

「おう！　信一」と声をかけるとだまって私の肩をもみ始めた。今日こそ信一とことばを交わしたい、交わせそうだと直感した私は、「信一、今日は腰ば頼む」と言いながら宿直室に向かう。畳にうつぶせになりながら、

「信一のマッサージはよう効くもんねえ。その右の坐骨のところのズキンズキンすっとたい。坐骨ってどこかわかるや」

このときだった。信一が声を発したのは！

「知っとるです。ここでしょう」

信一が声を出した喜びに胸を熱くしながら、

「へえっ、くわしかね、信一！」とおどろく私に、

「お母さんの坐骨ばもめて言いなるもん」と、力を込めてもみつづけてくれたのだった。

まさか、マッサージを頼んで信一との会話が成り立つとは思いもしなかった。これまでのマッサージは、「ああ、そこそこ、ようあたる。信一は上手ね」などと語りかけても、だまっ

てもみつづけるだけだったのに――。

家庭訪問、マッサージと信一との距離が急速に近づいているのを感じるいっぽうで、信一が班ノートにつづるたどたどしい文章から彼の心の底にあるものを読み取ろうとした。

六月下旬、次の文章に目がとまった。

今日の五じかん目にかえるのかいぼうがあた《あった》。はじめに針をさし、皮をきて《切って》たんのう、心ぞう、肺、らんそうがでてきた。胃はきて《切って》見ませんでした。あとでは心ぞうをさして殺した。でも、あとではか《墓》にうめてやた《やった》。

理科の授業でかえるを解剖し、臓器の一つひとつを確認した新鮮なおどろきを書かずにいられなかったのだろう。たどたどしい文章ながら信一の思いが伝わってきた。

学級だより（「あすなろ」）に載せたいと思い、信一に言った。

「解剖のようすがようわかる。ぼくは触ることも見ることもにがてばってん、よう見て、よう調べたね。『あすなろ』に載せるけん、まちがい字ば勉強しゅうか」

と語りかけると、うれしそうににっこり笑み、はっきりと太い声で「はい」と答えた。その日の帰りの会で笑みを浮かべながら学級だよりに見入っていた信一の顔を今もはっきりと思い出す。

しかし、信一への教師評はあい変わらずかんばしくなかった。各教科担任は異口同音に言うのだ。

「信一は教科書も出さず、注意してもニタニタしている」

「なにを考えているのかわからない」

そんな折、一学期も終わりに近づいたある日のことだった。信一が班ノートに書いた短い文章に目を吸い寄せられた。

「ぼくはこのごろ勉強をしなくて、このままでは成せきがおちる。きょうからはじめるつもりです。むずかしい面でもがんばっていくつもりです」

そこには、それまでの彼には見られない積極性が表れていた。私はすっかりうれしくなり、その文を当日の学級だより「あすなろ」に載せて、クラスで読み上げた。学年の同僚教師たちにも彼の文章を見せた。半信半疑の同僚たちの表情が返ってきた。

「しかし」と私は思う。たとえ本音が出ていようといまいと、そこに書いたことがその子の現実（実像）なのだ。さらに信一の境遇に思いをはせる。私は母親の期待に応えようとしている彼のけなげな気持ちを思い、大切にしたいと思った。

「――このままでは」とつづったことばに、私は彼のほんとうの気持ちを見たような気がした。信一は少しずつ変わり始めていた。

どの子も変わる　どの子も伸びる

夏休みに入る数日前、呼びかけてみた。

「信一、夏休みに漢字の勉強ばせんや《しないか》」

彼ははっきりとこう言った、「よろしくお願いします」。

信一は大きく開花しようとしていた。

その秋、「歴史と平和を学ぶ旅」というテーマで修学旅行に取り組み、被爆地・長崎を見、聞いて回った。現地の被爆教師末永浩さんをホテルに招いての〝平和の集い〟なども催した。

その旅から帰り、国語の授業で旅行でもっとも感動したことを中心に、四百字詰め原稿用紙で三枚以上、五枚までを十日以内にまとめることを全員に求めた。

すべての学級でもっとも多かったのが、国際文化会館、末永浩講演など平和に関するものであった。しめきりからはるかにオーバーしたが、信一が二枚も書いてきてこう言った。

「先生、書きました。おくれてすみません」

「おお、書いてきたか。やったねえ。あとで読むからね。楽しみだ」と、私は思わず彼の両手を握りしめた。だいぶ読みやすくなってはいるが、読解に一時間もかかった。しかし、読み終えたとき、私は跳び上がりたくなるほどの感動をおぼえた。「ガラスのはへんではらわたがきれてちょがたれさがている《腸が垂れ下がっている》人や……」という文章を読みながら、鉛筆を握り締めて見学先の国際文化会館でのショックをつづっている姿が浮かんできた。

　その翌日の放課後、信一と向き合って推敲した。

「信一、こけ《ここに》原爆が『落ちたとき』って書いとるばってん、ほんなこて《本当に》落ちてきたとや《落ちてきたのか》。雷は誰が落とすと《落とすのか》」

　信一がはっとした表情をする。

「うんにゃ、雷は自分で落ちてくっとです。原爆はアメリカが落としたとです」

　信一がはっきりとした声で答える。私はうれしくなって、

「そうたい。原爆はアメリカが日本のどこの都市に落とすかねらいをつけて落としたとたい」

と説明し、「じゃ、そぎゃん《そのように》直したがよかね」などと語り合い、その語り合いから生まれたのが次の文章である。

　僕は、この国際文化会館に入ったとたん、いやな気がした。長崎に原爆がおとされたと

きの写真がはってあった。まず、二階にのぼったときに見たのは、ビールびんやジュースなどのビンがくにゃくにゃになっていたことだ。昭和二十年につかっていた、お金やせっけんなどは石ころのようになっていた。人は人でまるこげになった人や、目がとびでている人やガラスのはへんではらがさけて腸がたれさがっている人や、やけどをおい水をほしがっている人がいた。（中略）いまかくせんそうが始まると、全国の人たちが死ぬかくりつ百％にもおよぶだろう。今から三十八年前の原爆はほうしゃのうをふくんでいるのは一kgであった。その十分の一だけしかばくはつしなかったが、いまは一kgいれたらぜんぶばくはつする。そんなものをつくる人間がわるい。地球からかくへいきをなくしてほしいと思う。

この信一の文章を読むと、見たり聞いたりしたことをよく思い起こし、しかも調べて書いていることがわかる。修学旅行の感動が書く意欲をかきたてたのだ。彼はやはり人間のやさしさを持ったごく普通の少年だったのだ。長年閉ざしてきた心を開きだしたのだ。そればかりか、「入ったとたん、いやな気がした」には、前向きに取り組んでいる姿がにじみ出ている。私はそのとき、信一の中に生活意欲、学習意欲がわいてきていることをはっきりと感じ取ることができた。

どんな子にも自立へのエネルギーがひそんでいる。どんな子もかならず伸びるのだ。

3 信頼こそが成長をうながす

出番ばつくってやろい

相良北中は小規模校のため、バレー部（男子）とテニス部（女子）の二つのクラブのみだった。希望制だが、全員が入部する。

スポーツを通して強い連帯感や責任感が生まれ、心身ともにたくましい人間が育つ部活動を私は大切にしてきた。私自身も現職中水泳部（人吉一中・上村中）、バレー部（五木二中・多良木中）、陸上部（多良木中・錦中・人吉二中）などを指導したり顧問に就いたりしてきた。

しかし、相良北中では若い指導者も多く、五十歳を超えていた私はもっぱら応援に徹した。人吉球磨郡市で行われるバレー大会には可能な限り出かけ、蛮声を張り上げて応援した。いつの間にか「北中にゃ、太か声で応援する白髪の先生のおらす」と評判になっていた。

バレー部は三十代半ばの谷水悟さん（二〇一六年三月、人吉二中校長を定年退職）の指導によって郡市で四強の位置を占めるまでに力をつけていた。かといって勝利一辺倒の過激な指導をしていたということではない。

北中では「加熱した部活動によって成長期の子どもを苦しめたり私生活を奪ったりしてはならない」という職員会議の意思統一（方針）のもと、月二回の日曜日は「家庭の日」として確実に保障する。練習終了時間を確実に守る。日暮れが早い冬場は五時までなどのルールをつくって、一定の時間的制約の中で指導を重ねてきた。

一人ひとりの子どもの特長を生かす谷水采配からはいつも胸が熱くなるようなドラマが生まれていた。その一つとして思い出すのは丸山正喜《まさき》のプレーである。この年の三年男子はわずか七人。正喜は七キロの山坂を越えてくる遠距離通学生だった。だから人並みの練習ができないうえに、小柄で体力的にも恵まれていなかった。そのため三年生でただ一人レギュラーを外れ、一、二年生とのBチームに甘んじていた。しかし、練習には人一倍熱心で人柄もよく、部員の信望があった。

その正喜が中体連でベンチに入ったのだ。中体連は三年生にとって最後の試合だ。二戦目のA校と大差がついた。谷水さんが立ち上がりメンバーチェンジの合図。〝正喜だ。正喜が出る〟。大差がつき勝利が見え静かに応援していた北中応援席が正喜の出場ににわかに活気づく。

「まさきーっ、落ち着いて入れろーっ。腰ば落とせーっ」

正喜はサーブ地点を決めるためか、落ち着くためか、右に左に動いていたが、やがて立ち止まり、相手コートを見やって深く息を吸いサーブを打つ。返ってきたボールを正喜がセッターにパス。このセットをとりA校に勝つ。

昼、弁当を食べながら、私は正喜に話しかけた。

「正喜、よかったね。中体連に出られて。いきなり出てサーブば入れるとは大したもんたい」

満面笑顔の正喜に、

「どぎゃんや、書いてみんか、詩ば。谷水先生から声のかかったときの気持ちば思い出して……」

課題の提出が悪かった正喜が、このときは、その翌日には書いてきたのだ。

「おおっ、書いてきたか！　さすが正喜！」とほめにほめて受け取った。推敲指導の結果、次のような詩ができあがった。

ぼくの出番　　丸山正喜

ぼくはベンチで応援する

出たい、出たいと思いながらも応援する
十三点になる
「正喜、今度はわいば出すぞ」
谷水先生の声
十四点になる
北中のサーブ
メンバーチェンジの笛の合図
心臓をばたつかせながら出る
上村君の
「がんばれよ」の声
チャンスボールが返ってくる
チャンスボールを受ける
大川君にパス
大川君がフェイント
ピーッ！　試合終了
二年と四か月のバレーは終わった

正喜はこの試合で中体連が終わった。チームはこのあと準決勝に進んで敗れ、ベスト4の壁をまたも破れなかった。しかし、正喜にとってこのピンチサーバーは忘れ得ぬ中学時代の思い出になったにちがいない。

「丸山の出番ばつくってやろい」と話し合っていたという選手たち。そして、ついにきた出番。同級生たちと谷水監督のやさしさがうれしい。控えの選手に細かい心づかいをする谷水采配が私は大好きだった。勝利一辺倒の采配からはこのような感動場面は生まれない。

信頼に応える子どもたち　携《けい》の場合

その谷水さんが転出したあと、那須幸浩さんが監督に就いた。彼の采配もなかなか〝人間味〟があった。その人間味とはこうだ。

一九九三（平成五）年の郡市の新人戦だった。

初戦の第一セット、得点は一四対一三。失点すれば逆転されてセットを落とすかもしれない場面で那須さんはピンチサーバーを起用した。「練習についていけない」と半年間、部を休んでいた川辺携だった。身長一四五センチ、体重三〇キロの携をこの場面で……。取っては

後列右から３人目が携。右端が那須さん、５人目が裕之。前列右から４人目が裕二。

取られ、取られては取り返すの白熱のシーソーゲーム。私はこの場面で携を出す那須采配に度肝を抜かれながらも必死に声を張り上げた。

携は肩を上げ下げし、腕を数回振り、息を深く吸い、そして打った。ボールはネットすれすれに入って〝奇跡のサービスエース〟。小さくガッツポーズした笑顔の携が今もよみがえってくる。試合後私はだまって携を抱きしめた。携もだまって私の腰に手をまわし力を入れてきた。あのときの汗ににじんだ体の温もりが忘れられない。相良北中はこの試合をセットカウント二対一で競り勝ち、その後も勝ち進んでとうとう優勝した。

「携ばあすこで出したとにゃたまがったばい」

と言う私に当時二十代だった那須さんが言った。

「携をしんから信頼していることを携に伝えた

かったとが本音です。一回戦負けでもよか、携がそれでなにかをつかめば、と思うてあすこで起用したとです」

携がそれから欠かさず練習に出るようになったのは言うまでもない。

裕之《ひろゆき》の場合

このチームには、携とは対照的な身長一七五センチ、体重八三キロの北村裕之がいた。動きは鈍く、走りは遅く、ジャンプ力もないが力持ち。

那須さんがこの裕之に徹底的に仕込んだのが〝天井サーブ〟だった。裕之の体力に目をつけ、体育館の天井スレスレに高く上げ、ドライブをきかせて打ち込む練習をくり返させた。練習嫌いだった裕之の練習ぶりを見てほかの選手がやろうとするが天井まではとても届かず、裕之にかなう者はいない。自信をつけた裕之が意欲的に練習するようになっていった。那須さんのねらいは的中した。班ノートを何日も止める裕之だったが、それもなくなり、書くことはバレーのことばかりになっていった。
○あさっては新人戦です。あと二日なので、土曜日の練習をしっかりがんばって悔いのない試合をしたいです。
○今日は新人戦でした。一回戦は二中と当たってあぶない試合でした。(この試合に出場したのが前述の携である。筆者注)二回戦は多良木中と当たり、二セット目ピンチサーバー。サーブを打ったけどアウトでした。優勝できてよかったです。

新人戦では失敗した裕之だったが、その後行われた城南大会(八代市)の大事な場面で那須さんは裕之を起用。天井サーブは見事に決まったという。

「天井に届かんばかりに高く上がったボールにあっけにとられて見上げる相手チームの面々。しかも力任せにドライブをきかせた玉は構える相手の先にポテンですたい。裕之は拳を突き上げ仲間と一緒にコートを一周。忘れられん場面です。裕之もあの一瞬の喜びは忘れとらんと思いますよ。天井サーブば教えてよかったです」

那須さんはのちにうれしそうに語ったものだった。

祐乙の場合

「このチームで忘れられん生徒がもう一人いますよ」と那須さんは言う。

「そら、誰ね」と尋ねる私に、

「祐二ですたい。村山祐二《ゆうじ》──」

村山祐二は兄弟二人の末っ子。やさしい祖父母と両親の愛を一身に浴びて育った、おとなしく無口なおっとりした子ども。那須さんはこの祐二に自信と責任感を持たせようと、セッターに育てたいと思ったという。アタッカーの愛甲胤雄《つぐお》の班ノートの文章を読むと那須さんのねらいが的中していることがわかる。


村山祐二君が休んだ時、あまりやる気がなかった。チームのムードがくずれていたからだ。そして次の日の部活、村山君が来たので大変部活が楽しく思えた。なぜ、村山君にこだわるかというと、大切なセッターだからだ。練習するとき、大切なボールを上げてくれる人がいなければ、全然おもしろくないからだ。


おとなしい祐二が、常に冷静にチームメートの特徴や調子をとらえて正確なトスを上げつづけていたことを思い出す。「北中にはよかセッターがいる」という評判を聞いたこともある。

一人ひとりを徹底して信頼し生かしきる谷水、那須采配により心身ともにたくましく育ち成長していった子どもたちも人の子の親となり、地元をはじめ全国各地で活躍している。

4　おれたちゃ、あん先生がよか！

四十二の瞳たち

相良北中に赴任してすぐ担任した二十一人の子らを映画「二十四の瞳」になぞらえ、私は「四十二の瞳たち」と呼び、〝いつも子どもが真ん中〟の学級づくりを進めてきた。

この子らが三年に上がる一九九〇（平成二）年の春休みのことだった。バレーボール部の練習に来た男子生徒数人が職員室にやってきた。

「先生、来年も先生が担任すっとね」とストレートに聞いてきた。

三年に持ち上がり卒業させたいと思っていた矢先の質問である。私は少しうろたえて、

「それはまだわからん。四月の職員会議で決まる」とありきたりの返事をした。

「おれたちゃ、あん先生がよか！」

子どもたちが指さす先には三月末の異動で熊本から転勤してきた身長一八〇センチを超える青年教師が立っていた。前節で紹介した那須幸浩さんである。彼は転勤挨拶に来たついでに体育館に出向き、バレー部の練習を見学したらしい。その那須さんに彼らは〝一目惚れ〟したのだ。

新年度の職員会議では、大切な受験の年だからと全会一致で私の持ち上がりが決定。内心うれしかったが、春休みのショックはまだ尾をひいていた。三年間〝同じ顔〟であることに負い目を感じていた私は、どうしたらマンネリに陥らない新鮮味のある学級づくりができるか思いをめぐらした。

十五歳の誕生祝い

その一つが「十五歳の誕生祝い」である。班長会に次のような提案をした。

「司会はその週の『学活司会班』がする。短い時間だからてきぱきとしかも感動的に進めることが大切だ。司会が『今日はだれだれの誕生日です』と紹介し、みんなで心からの拍手を送る。本人が前に出てくると同時に『ハッピーバースデートゥユー』の一番を合唱する。そのあと本人が十五歳になった喜びや決意を述べる。その内容は前の日までにまとめておくことが大切だ。限られた短い時間に、ええととか、あのうなどとモタモタしていたらしらけてしまう。原稿の丸読みもさけよう。次の『級友代表によるお祝いのことば』をやる人を誰がするか確認し、その内容を前日までにまとめておくように指示するのも司会班の仕事だな。そのあと先生たち（担任、副担任）からのひと言という内容だ。これを六、七分でやるのだ。そのためには事前の十分な準備が前提だ」

これらを一気になめらかに話したわけではない。班長たちの反応を見ながら押しつけと取られないよう気を配りながら語りかけたのをまとめるとこんな内容になる。この私の提案を班長会は全員一致で受け入れ、決定内容を班長は各班に報告。

「○○ちゃんには○○ちゃんがよかよ。保育園のときから仲のよかったけん」などと励ましのことばの担当者を話し合っている班もあるなど予想以上のもり上がりである。

班長会はその日のうちに黄色の広用紙に四月から三月までのクラス全員の誕生日を書き込み、後ろの壁に張った。その中に担任の私と副担任の友尻憲秀さん（現・球磨村教育長）の名前も入っているではないか。彼らは私たち教師を〝仲間〟として迎え、三年という厳しい受験の学年の船出をしようとしているのだった。

後節でくわしく述べるが、家庭と学校をより緊密につなぐために「らくがき」と名づけた家庭回覧ノートを回していた。私が三年担任と決まったとき多くの家庭から「わっ、また『らくがき』ば書かんばんとや、ぬさんねえ《困るねえ》」という声が聞こえてきた。考えてみるとこの学年は一年から持ち上がりだからその〝悲鳴〟もわからないではなかったが、あえて強行した。

「早よう『らくがき』ば書きない。持っていかんばんとばい」と康広。「この忙しかてと私――。『夜は植《う》えんどもん《えないだろうに》』と言い返されてペンをとりました」（濱田康広の母親鶴子さん）

このような会話が各家庭で交わされたのだろう。しかし、ほかの家庭の文章と私のコメントを読むのが楽しいという声もいっぽうで入り、調子にのって「今年も『らくがき』にご協力を」の文章末に、この年は特に次のような一文をつけ加えた。

「なお、今年は全員が十五歳になるという節目の年度です。誕生日前には順番を入れ替えてこの『らくがき』ノートをまわします。『十五歳おめでとう』のひとことをつづってほしいのです。名前の由来、体重、出産のときのようす、まわりの人々のよろこびなど、なんでも結構です。子どもたちはその文章を読むことによって感動し高校入試の厚い壁にも意欲的に挑んでいくはずです。では今年も『らくがき』を通して大いに仲良くしたいものだと思います。よろしくご協力のほどを！」

第一回誕生会はこの私の呼びかけに応えて四月十五日生まれの田中栄次だった。母親糸枝さんはこんな一文を寄せてくれた。

昭和五十年四月十五日夕方四時二分に生まれました。体重二八〇〇グラム、身長五〇センチ、血液型B型、予定より早く生まれたのであわてました。でも皆んなが『男の子がいい』と言っていたので大喜びでした。名前は生まれる前から祖父と祖母が色々な本を読んだり、人に聞いたりして田中の姓に最も良く合う『栄次』にしました。栄次と言う名前にはもう一つわけがありました。曽祖父、祖父と体が弱くて体のつよい子供が生まれることを願って、田中が次々栄えて行くようにと『栄次』にしたそうです。初めての子供なので皆んなが大事にだいじに今日まで育てて来ました。十五歳の誕生日おめでとう。中学生最後の学年なので悔いのない勉強をしてほしいと思います。上田先生、今年一年間よろしくおねがいします。

このお母さんの文章が加わったので第一回誕生会は私のねらいどおりになった。この日の「らくがき」に私はこんな返事を書いた。

「栄次君の誕生の記録、とても感動しました。さっそく私の要望に応えて書いていただき感謝致します。きょうの朝、学級でいちばん早く生まれた栄次君の『誕生祝い』をしました。みんなで拍手、歌（ハッピーバースデートゥユー）、本人の決意、『らくがき』の文章を私が朗読、励ましのことば（田中君へは高田明日華さん）という内容でした。「十五歳」という節目の今年、全員をこんな形で励ましていきたいと考えています。栄次君が述べた『決意』のメモ用紙をここにはりつけておきます。」

笑顔のかわいい、おっとりした栄次は終始笑顔でこんな決意を述べた。

十五歳になってぼくは今まで勉強を少しなまけていたのでこれからは家庭の学習時間をもっと増やして予習や復習などもちゃんとして最低二時間、休みや部活のない家庭の日は三時間したいと思います。勉強のほうにもっと力を入れて中間期末テストには四百点以上とりたいと思います。そして中間期末だけでなく共通テストや入試にむけてはげみたいと思います。

その日の班ノートに栄次はこんな一文を残している。

「ぼくが、誕生祝いのトップバッターだったので緊張した。みんなの前で決意を言うのがなんだか恥ずかしかった。」

ところで、副担任の友尻憲秀さんの話は生徒たちに大受けだった。やさしさあふれる人柄と一人ひとりの生徒への愛情に満ちた語りかけが生徒の心をつかんだ。友尻さんは私より十五歳も年下のこの年転勤してきた中堅教師だ。

子どもたちは那須さんをはじめ若い教師が担任となることを望んでいるようだ。私は迷った。若い友尻さんが担任し私は副担任になるべきかと――。しかし、教頭試験も断り、担任にこだわってきた私としては、ここで交替すれば一年間〝不満〟を引きずることになるだろうと思い〝担任は若い友尻さんに、私は副担任を〟などと心にもないことを言うのを思いとどまり、すべてを職員会議の決定に任せたのだった。

友尻さんが副担任と決まったとき、よし、徹底して彼を前面に立てよう。二人担任制のような気持ちでやっていこうと心に決めた。この〝誕生祝い〟もその一つだった。「十五歳の誕生祝い」はこの年の学級経営の柱の一つとなり、「また先生が担任すっとね」という学期初めの沈滞ムードに新風を吹き込むことになった。

一年間で二十三回の「ハッピーバースデートゥユー」の歌声が朝の教室に流れた。この催しは〝四十二の瞳たち〟の心に強く残ったのだろうか。卒業式前日の大掃除のとき、「先生、こん紙はどぎゃんすっ《どうするの》」と持ってきたのだ。彼らも捨て切れない思いなのだろう。広用紙の名簿は今もわが家の資料庫にある。

5 仲間が欽也を変えた

三組んもんば集めるけん

私はこれまで案内を受ければ、どの学校のどの同級会（同窓会）にも万難を排して参加してきた。〝昔の中学生たち〟との再会がこの上もなく楽しく、当時が一気によがえってきて若返ることができるからだ。

ところが、二〇一一（平成二十三）年一月二日の一九七九年度（昭和五十四年度）卒業の同窓会には欠席せざるを得なかった。東京行きと重なってしまったからだ。

この学年は五クラスだった。私は三組担任。その三組の川辺隆一郎から同窓会後に電話が入った。

「先生、来年の盆は人吉におりますか。十三日に三組んもんば集めるけん、空けとってくれ

退職祝賀会に駆けつけてくれた1979年度卒業の三の三の子ら（2012年）

んですか。今年の同窓会には三組は十六人参加したとですよ。先生が来んだったけん、みんなが残念がっとった。もういっぺん集めるけん、かならず来てくださいね。忘れんごと手帳に今すぐ書いとって」

隆一郎は野球部で活躍した。ショートで三番バッター。小柄な体ながら攻守にバランスのとれた選手で、チームの信頼を集めていた。私は〝リュウ〟と呼び、かわいがっていた。

次の年、隆一郎は当時学級委員長だった宮本承史《よしふみ》と二人で案内状を作成し、昨年正月に参加できなかった級友を中心にピックアップして往復ハガキを発送したという。隆一郎は県職員として熊本人吉保健所に勤務し、私が名前を音読みで〝じょうじ〟と呼んでいた承史は家業の自動車整備工場を引き継いでいるので二人とも地元組だ。

この三組で思い出深いのは、卒業式後の市房《いちふさ》（一七二一メートル）への〝卒業登山〟だった。就職で離郷している生徒以外は全員が参加し、頂上で昼食をとりながら次は成人式で会おうと約束したのだった。

成人式後は毎年一月三日にクラス会を重ねてきた。卒業十五周年だったかに五クラスが集う同窓会に切り替わったので、三組だけのクラス会はなくなっていた。だから、二〇一二年八月十三日のクラス会は久々のクラス会ということになる。

このクラス会をみんなの心に残るものにしたいと思っていた私は、ふと思いついた。それは卒業後、手元に置いていた「班ノート」と卒業記念に一人十枚以上を目標につづった「生いたちの記」の分厚いつづりを生徒たちに返還するというセレモニーだった。

この「生いたちの記」について、卒業学級文集「さかみち」の編集委員だった井上義《ただし》（東京都世田谷区在住・牧師）は、「〝生いたちの記〟は国語部の先生方（我がクラスはもちろん上田先生）の指導により、クラス全員が自分の生いたちを十枚以上の原稿にまとめたものです。その内容はみな素晴らしく、全作品をこの文集に載せたいくらいです。（中略）しかし、全作品ということはちょっと困難なことです。そのため、まことに残念ではありますが、その中から四作ほどを選び、この文集に載せることになったのです。なお、この〝生いたちの記〟の原稿は、上田先生の手に預けられます。数年後にクラス会でも行なうときにみんなに返し、十五歳のときの決意と現実とを比較してみるのも面白いだろうということです」と編集後記に書いている。

三十数年ぶりに手放すのにはいささか複雑な思いがあった。しかし、いい機会と考え返還セレモニーをすることを人吉新聞に連絡すると、それは記事になると知り合いの記者が駆けつけ、次のような内容の記事にしてくれた。

三十数年経て班ノート返却

多良木中学校の昭和54年度卒業生が13日、多良木町の囲炉裏《いろり》で同窓会を開いた際、卒業時に3年3組の担任だった上田精一さん（74）＝人吉市願成寺町＝が30年余りの時を経て、教え子がつづった班ノートなどを返却した。

同年度の卒業生は昭和39、40年生まれで、5クラス230人。昨年1月、同窓会を開いた際、思い出深い恩師の上田さんが欠席だったため再度、計画。今回、3組を中心に21人が集まり、思い出話に花を咲かせた。

上田さんは宴に入る前、国語の授業で自らの生い立ちを親に聞いて書かせた「生い立ちの記」と、1年間、日々の出来事などをつづらせた「班ノート」を返すと伝え、その場で代表に託した。

生い立ちの記、班ノートとともに製本して大切に保存していた上田さんは「本当は手放したくない、(私にとって)貴重な財産。しかし、いつか同窓会が開かれるときに…と思っていた。とにかく、印象深く、絆《きずな》が強いクラスだった」と振り返った。

返却された2冊は、クラスメートが一冊ずつ保管。班ノートの1ページ《ペー ジ》には卒業式前日の3月17日付で「班ノートを書くのは最後。1年間、うれしいことや苦しいこと、悲しいこともあったけど、あっという間に過ぎた(中略)。自分の決意を目標として生きていきたい」と書いてあった。

班ノートを保管する同町多良木の宮本承史さん(47)は「生い立ちの記にしても、書いたことすら忘れていた人が多かったのでは。先生が大事に残しておられたこともさることながら、きちんと製本されているのに感動した」と話している。

物故者への黙禱のあと私の長い〝学活〟。「先生の学活は学年で一番長かったけんなあ。今日は酒が待っとるけん、短めにばい」とやじが飛ぶなか、持参した卒業記念学級文集をかざして、その表紙を見せながら、「これは今日も東京から出席してくれている溝下和男くんが描いた表紙絵です。今はないあの木造校舎の教室、思い出すだろう」と言いながら一人ひとりの目の前にその表紙を見せてまわる。

「わっ、溝下はじょっかねえ《じょうずねえ》。思い出すばい、三年三組ば。廊下の消火バケツまで描いとるたい。入り口の上にゃ『3―3上田』の標識まで書いとる」などとしきりになつかしがっている。

「みんな、この文集持っとっどもん」と問えば、「うん、実家に残っとっどかなあ」と自信なさそうな声。

「じゃ、この文集の『まえがき』の前半分を読み上げて〝学活〟ば終わろうと思う。聞いてくれるかな。これは文集委員の池田聖香《せいこう》さんが『三の三の絆を大切に』というタイトルで書いたものです。

『三の三の絆を大切に』

一年間。本当に短いものです。私達は、一人一人、それぞれの道へと旅立ちます。「今年の三年生は…」といつも言われながらもうゴールを目前にしているのです。私達も「3―3」という一つの集団になってからも、上田先生の指導のもと、いつも47人で歩いてきました。ここに、私達の歩いてきた一年間の一日一日をこの一冊の文集に残します。これが3の3の道程です。一年間、こまかな指示を受けながら、いろんな山を登ってきました。

「ひとりはみんなのために、みんなはひとりのために」みんなで決めたこの目標をめざし、いろいろなことに取り組んで来ました。入試をめざす3の3は一人も足ぶみすることなくみんなで伸びてゆこうと、学習リーダー制（小先生）をもうけました。みんなそろって笑顔で「おめでとう、やったネ」と言えるように教え合い学習もやりました。複式学級の親学級にも、全員一致で立候補しました。45人プラス2人の47人がいつも一体となって歩いてきました。新聞コンクールでも最優秀賞をとりました。（中略）

そして、数回の面接をへて、先生や親の意見を参考に最後では自分の意見で、一人ひとりの進路を決めたのです。一年間、大声で笑い、学び、そして悩んでここまで来ました。

今、私達47人は別《（ママ）》れ道に立っています。高校へ進学する人、また遠いところへ就職する人、進学する人の中でも、農業の自営をめざしている人、大学進学をめざす人、自分で決定したその道を別々に歩こうとしています。そんな中で、私達文集委員を中心とし、わずかな時間を利用して文集の題を決め、カットを作ったりしてこの文集をまとめました。国語の課題で仕上げた、生活作文、詩、それと毎日交替で書いた班ノートなどから一人一つずつの文章をのせました。これが47人で歩いてきた道です。この文章を読めば我ら3の3の様子は、ほとんどわかることと思います。いつの日か、私達47人が集う時、その時この文集を開いてみたいものです。

「今日は残念ながら聖香さんは欠席ばってん、東京ではときどき誘い出して居酒屋で飲んどるよ」としめくくって長い学活を終わったのだった。

「うーん、思い出すばい。先生が提案した小先生や教え合い学習で絆の深まったもんねえ」

と言いながら隆一郎がやおら立ち上がる。

「じゃ、期待どおり、先生の長い学活が今、終わりました。じゃ、乾杯の音頭を、今日特別に出席をお願いしました、学年主任だった宗像景敏《かげとし》先生にお願いします」

宗像先生は夕野火《ゆうのび》の号を持つ俳人である。一九四六（昭和二十一）年、横井迦南《かなん》に俳句の手ほどきを受け、さらに人吉出身の上村占魚《せんぎょ》に学んだ熊本県を代表する俳人として知られている。人吉新聞などの紙上で〝夕野火俳句〟に親しんでいた私は先生の転入を心から喜んだものだった。

国語部主任をしていた私は、国語部が世話役になって職場に句会を作ろうと提案。五人の国語部員の賛同を得て先生の転入二年目には、正式に「若葉句会」という名の職場句会が誕生。尾方茂行校長も〝私もかてない《加えてください》〟と二年目に入会。まさに職場あげての句会となった。三年目には尾方校長をはじめ十六人の合同句集も出版し話題となった。この広がりは宗像先生の笑顔と人を包み込むおっとりとした人柄によるところが大きい。

酒を少しなめただけで真っ赤になる宗像先生には、この学年で唯一クラス会をつづけた三組の同級会によく出席していただいた。この日も笑顔を絶やさず「生いたちの記」の返還などのセレモニーを見ておいでだった。先生のいつもながらの短い味わい深い乾杯の音頭で開宴。私はまず先生の前に行き、出席のお礼を述べ、前述した「若葉句会」の思い出を語り合った。

「先生、この卒業文集の私の『まえがき』の文末に私が詠んだ三つの句を載せていますが、これは全部、合同句集に載っとっとですよ。俳句ばやっとってよかったです。おかげでこの文末がしまりました」

持参した学級文集「さかみち」を開いてその句を読み上げた。

卒業の子ら生いたちの記をつづる

握手して卒業の子の手の太き

手を焼きし卒業の子と握手かな

「うん、そうなあ、思い出すなあ。校長さんは退職後も私の句会（人吉市）に通われ、とうとう立派な句集『天狗岩』ば出しやったもんなあ。校長さん以外はみんなはその後やめてしまい、惜しいこったい。ところで、この『手を焼きし——』の句はあの欽也のことじゃろ」

手を焼いた欽也

先生のそのひとことで、三十数年前の欽也との出会いとその後が蘇ってきた。

北村欽也（仮名）は私が出会った中学生の中でも群を抜いて手を焼いた生徒であった。親は不肖の子ほどかわいいというが、教師もまた手を焼いた生徒ほど忘れがたいものなのだ。

欽也との出会いは一九七八（昭和五十三）年四月、二年六組の担任になってからである。欣也を担任した私は、まず彼を登校させる指導から始めた。班長が連れに行ったり、授業のメモや「学級だより」を班員が交代で届けたり、彼と親しい生徒に電話をかけてもらったりした。〝学校一元気なクラス〟といわれた学級で「欣也のこと」を学級の課題として取り組むなかで、彼は学校に来始め、学級活動にも参加するようになった。授業でなかなかの走りをすることに気づいた体育の瀬口汎敏《ひろとし》さんは、高校生と単車を乗りまわし夜遊びが絶えない欣也を立ち直らせようと半ば強制的に陸上部へ入部させてやさしくかつ厳しく指導し、走ることへの興味を引き出そうとした。しかし、目を離せない状態のまま、二年生を終えた。彼を完全に立ち直らせることができずに、学級は解散となってしまった。家庭訪問をくり返すなかで無口な父親のため息、やさしい母親の涙にいくたび接したことか。

クラス替えで欽也は再び私のクラスになった。

始業式を終えて、三年三組の子らとの最初の出会いのために教室に入る。私が教室のドアを開けると欽也がふてくされた表情で机を両手でバンバンとたたき、私への反抗心をあらわにした。私は笑顔をつくって「おはようございます」と大声で挨拶した。

初めて担任する生徒もだいぶまじっており、じっと私を見つめている。三年生とはいってもまだ幼い表情が残っている。欣也が急に立ち上がり奇声をあげた。みんながドッと笑う、私は彼のそのような行動をあえて無視して「学級びらき」のプログラムを進めた。

「みなさん、進級おめでとう。この一年、みんなで力を合わせて楽しく元気にがんばりましょう。みんなで伸びあう学級をつくりましょう。〝みんなはひとりのために、ひとりはみんなのために〟みんなで手をつなぎ合い前進しましょう」

大きくうなずきながら聞く子、じっと私を見つめながら聞き入っている子、手応えは予想以上によい。二の六につづいて今年もうまくいきそうな気がしてくる。ただ、欽也の表情の硬いのが気になる。

「ああ、二年生につづいてまた上田先生になってしまった。あまりうれしい気はしない……」

四月十七日の班ノートにこうなぐり書きした欣也の文章を読み、私はほっとした。私を全面的に拒んでいないと読み取ったからだ。「あまり」ということばがこんなにも温もりを持ったことばだったのか、としんからうれしく思ったものだ。

昨年はいろいろとお世話になりました。縁あって、今年もまたよろしくお願いします。二年生もはや過ぎ、三年生の進学の年となりました。親も頭を痛めるばかりです。今は、クラブの方で一生懸命のようですが、勉強の方は帰ってから本を開こうとしません。（中略）高校までは勉強してもらいたいと念願するのみです。毎日、学校に勉強しに行っとるのに、何しに学校に行っとるのだろうかとふと考えることがあります。（後略）

家庭回覧ノート「らくがき」に欽也の母親はこうつづっていた。

私はこの母親の願いに応えてなんとかして学習意欲を引き出し、高校に合格させたいと思いつつ四月の家庭訪問を迎えた。その日、生徒は同席するように話しておいたのに欽也はいなかった。去年もいなかったことを思い出しながら、「お母さん、欣也くんは」と尋ねると、「二階におってです。さっきから降りてけえとなんべん言うても降りてこんとです」とあきらめ顔である。

「おうい欽也、降りてこい」と呼ぶが降りてこない。「私が連れてきますから」と断って二階へ上がる。農家の屋根裏部屋を改装した天井の低い部屋が彼の勉強部屋である。遊び友達の隣のクラスの和弘が来ている。二人でファミコンをして遊んでいた。ぐるっと見まわすとステレオ、テレビなど豪華な家電製品が所せましと並んでいる。壁にはすき間もなくスターのポスター。勉強部屋というより遊び部屋だ。

「おい、欽也、家庭訪問のときはちゃんと一緒にいるように言っておいただろう。すぐ降りてこい」

語気を強めて言うとしぶしぶついてきた。ふと見ると手に目覚まし時計を持っている。時計を自分の横に置くといきなりあぐらをかいた。母親は何も言わない。私はその態度をなじり強制的に正座をさせた。私が話している間中、わざとらしく時計を持ち上げる。約束の二十分が過ぎるのを待っている態度を露骨に表すのだった。

四十五軒の家庭訪問も終わり、学校全体がいちおうの落ち着きを取り戻したころ、私は学活の時間を利用して、学級における〝学習運動〟について提案した。お互いに助け合って勉強し、みんなで伸び合っていこうという、いわゆる〝小先生〟制度を導入しようと考えたのである。このことは家庭訪問でも話してまわっていたので、保護者からも生徒からも支持された。

親たちは「らくがき」に、

「学習リーダーをつけてくださってありがとうございました。子どももよろこんで、だいぶ勉強するようになりました。……」

「……さいきんのわが子を見ておりますと、家庭訪問以来、また小先生をつけてくださって以来、学校より帰ってきて机に向かって勉強しております。(中略)先生から、小先生によろしく伝えてください……」などと書き、「小先生」による学習を歓迎している。この運動によって助け合い学習のムードができ、〝みんなで伸び合う〟という私の学級経営方針に一歩近づいた気がしたものだった。しかし、欽也は「おら、いらんです。自分ですっけん」の一点ばり。かたくなに〝小先生〟をつけられることを拒否しつづけた。

おれも高校に行く

本章の1「わかってほしい、ヒュウになったもんの気持ち」で述べたように、この学年は三年間どのクラスも一度も順位を出さなかった。だからテスト主義教育独特のあのギスギスした競争意識もなく、伸び伸びしたあたたかい雰囲気が生まれていた。

そんな背景の中での教え合い学習の導入である。学級には学習をとおしての連帯感が生まれた。休み時間、昼休み、放課後には生徒どうしが顔をくっつけ合って教え合う姿が見られた。進路公開もごく自然に行われた。彼らはお互いに自分の進路について語り合ったり、班ノートに書いたりした。彼らは今、自分の問題として進路を考え始めたのである。

一方欽也は、瀬口さんと倉岡清二コーチの絶妙のコンビによるやる気を引き出す指導によって陸上部の練習に力をそそぐようになった。八百メートルの選手として中体連出場が決定。表情もどことなくひきしまってきた。授業中ふざけて奇声をあげることもしだいに少なくなっていた。

二学期の期末テストが終わり、冬休みまでの二週間は、気のゆるみがちな時期である。私は班長会を開いて、この時期を学級としてどう過ごすかについて話し合わせた。私は教え合い、支え合いながら学習することを目標にした〝放課後学習会〟を提案した。

〝小先生〟による遅れた子を中心にしたこれまでの学習会から、学級全体による学習会に広げようというものである。班長会でも学級会でもこの提案が支持された。欽也も拒否反応を示さなくなった。なお、このとりくみは間もなく学年全体に広がっていく。

隆一郎は班ノートにこう書いている。

今日から、きのう決まった学習会をやった。今日は数学ということで、どの班も計算のやり方などを教えあっているようだった。この勉強会はぼくたちみんなにも役立つと思うのでずっとつづけていきたい。そして、自分自身が選んだ道にみんなが進めるように協力しあっていきたい。

生活班ごとに机を組んでの教え合い学習である。小先生は自分の相手に、小先生ではない生徒は、お互いに教え合ってのしずかな学習のひとときである。私も時間の許すかぎり自分の仕事を持って教室に行き、生徒たちの様子を見ていた。

欽也は、同じ陸上部でもあり学習班の班長でもある聖香のリードで放課後学習会に参加するようになった。欽也が本気になって高校進学の意思を表明したのはこのころである。進学希望先はM高校だった。

多良木中国語部では卒業学年になると国語の授業の総まとめとして「生いたちの記」を書いていた。十五年の歩みを振り返り、今後の展望を切りひらいていくために、自分の成長に大きく影響を与えたことを中心にまとめるのである。

その年も、どんなテーマで書くかを決める時期に入っていたが、欽也はなかなか決まらなかった。

「おら、遊んだりけんかしたりして勉強ばいっちょんせんだったけん、なんも書くこたなか！」とつっけんどんな声。「そればまとめて書けよ」と私が言うと、「そがんた書こごたなか！」とはき捨てるように言う。

数日後、あれほど拒否していた欽也が国語の学習班長の聖香と一緒にやってきた。

「先生！　欣也が書いてみるげなよ」

と聖香がうれしそうに言う。聖香は女子陸上部のキャプテン。県大会では八十ハードルの優勝候補選手だ。聖香によるとあの手この手でその気にさせたらしい。構想表を見ると、「書きたいことの中心（主題）」の欄には「自分の過去を洗いざらい書く」とあった。「よし、何もかもさらけ出してみろ」と握手をしながら励ました。

翌日の授業で「おい、みんな、欽也が構想表ば出したぞ。ほら見てみろ！」とかざして見せた。同時にみんなからはげましの拍手がおこった。中には「欽也、途中でやむんなよ」とひやかしているものもいる。欣也はVサインで応えている。しかし、日頃の班ノートの書きぶりなどから見ても完成は厳しいと思った。

ところが卒業式も間近な三月上旬、欽也が職員室にやってきたのだ。手触りで十枚を超えていることがわかる。題は「俺の生いたち」。

「悪いことをするのに生きがいを感じていた」という出だしに続けて、バイク、酒、たばこなどの非行をくわしく書いている。結びには「僕もM高校を自分で選び合格めざし努力している。今から先のことは何もわからないが、自分自身で何事も努力してやっていくつもりだ」とあった。欣也が告白的につづっている非行は次のようなものだ。

俺たちはとにかくよく遊んだ。遊んでいるうちに夜家にとまり、夜遊びを覚えた。そこでたばこと酒の味を覚え、非行の一つ手前までできてしまった。そのうちもう一人の悪友ができた。Kである。Kも俺たち二人のすることを覚え、同じことをするようになって三人でいろいろやってきた。（中略）友達はなぜか昔から意外にいた。だが良い遊び相手ではなかった。たとえば、休みの日などは、他の学校に行きそこの生徒とけんかをやったり、一人のものから金を威嚇して取ったりしていたこともあった。けんかといってもただのとっ組みあいではなかった。チェーンとかクサリとか武器をもってきてそれで殴るのだ。

受験を目前に控えたなか十枚もの「過去を洗いざらい」にしつつ、しかも、自らの未来を前向きに見つめた作文をよくぞ書いたと声をかけたかったがことばが出てこなかった。私は黙って欽也の肩を抱き寄せてうなずいただけだった。

その数日後、卒業式のあとの〝最後の学活〟でのことだった。四十五人、一人ひとりが立ってひと言ずつ発言を始めた。しかも、担任の私へである。欽也の番になった。

「先生の白髪を増やしたのはこのぼくです。（中略）先生やこの三の三のみんなのおかげで立ち直ることができました。先生、心配かけました。ありがとうございました」

と、誰よりも長い挨拶をした。母親は涙をいっぱいためて聞いていた。私もやっと涙をこらえた。

卒業から八か月ほどのちのことだった。志望校に入学し、あれほど喜んでいた欽也が突如として私の前から去っていった。一九八〇(昭和五十五)年十二月一日、霧深い早朝であった。

「先生、欽也が死んだ。即死げな」

M高校の赤電話かららしい。遊び仲間だった和弘の涙声。

「先生、欽也は高校は七か月で中退したばってん、西村繊維工場でまじめに働きよったとですよ。早出の五時に間に合うごと八〇キロで単車ば飛ばしよって用水路に転落したとげな…」

欣也はまちがいなく三年三組という学級集団の力で立ち直ったと私は確信している。この子らも五十の坂を越えた。

三組の「さん」にちなんで卒業後毎年一月三日にクラス会を開いてきた。欽也が逝ってからはいつも欽也への黙禱から始まる。遺書となってしまった欽也の「生いたちの記」もとじ込んである分厚いつづりや班ノートをこの〝子どもたち〟に返したのだったが、ばらさず綴じたまま保存しておこうということになり、その年の幹事、承史が大切に持ち帰った。「先生、欣也も一緒に連れて行くけん」と言って。

二年間手を焼いた欣也は、三十余年後の今も三組の級友一人ひとりの中に生きている。

6　保護者も作文？

教育を保護者とともに

思い返してみると私は序列主義（能力主義）教育、管理主義教育、国による教育の押しつけ（国家主義）の三つを新卒のころから〝教育三悪〟と呼んで抗《あらが》ってきた。序列主義教育への反発がそうであったように、新卒当時はただ感覚的、感情的に批判の狼煙《のろし》を上げていたにすぎなかった。

残念ながら、この〝教育三悪〟なるものは私の世代が定年退職した一九九六（平成八）年以降も教育界に執拗に根を張りつづけ害毒を流しつづけているようだ。

私がこれらに曲がりなりにも理論的に立ち向かえるようになったのは教職員組合や教育サークル（作文の会、日本生活教育連盟、全国生活指導研究会など）で学んだことが大きい。

組合活動が高じて教職員組合人吉球磨支部書記長（一九七一年〜七三年）に就いたころであった。政府が中央教育審議会答申（国家主義、能力主義、管理主義にもとづく教育の推進）を第三の教育改革として打ち出してきたのは——。この答申による教育の反動化に反対し、日本教職員組合などがその旗振りをつとめ、一九七一（昭和四十六）年十二月七日、「民主教育をすすめる国民連合」が発足した。

この運動に呼応し、その二か月後の一九七二年三月五日、人吉球磨にも「民主教育をすすめる会」が結成された。書記長二年目の大仕事であった。講師に青木一氏（当時、大阪高陽小校長）を招き、「教育の実像と虚像——かしこくなりたいという子どもの願いにこたえられるのか——」と題する講演は実践と実例に富んだ教育を父母とともにすすめる今後の教育のあり方を明確に示していただいた。参会者六五〇人中、父母の参加が二八〇人に上ったということは当時としては画期的なことだったし、その後八年間、全国各地から講師を招いての民主教育をすすめる会のスタートにふさわしいものであった。

臨教審に対峙しての「民主教育をすすめる会」の全国的もり上がりは〝教育を父母とともに〟の合言葉を生んだ。そんななか、家庭と学校をつなぐものとして「学級通信」が全国の小中学校で広がったのもこのころであった。中には日刊で出しつづけた人もいたが、私は年平均六十号程度。それでも待ってくれている親と子どもがいた。

手づくりの教育を求めて

一九八八（昭和六十三）年、「一人ひとりの生徒に、より行き届いた教育をしたい」という願いがかなって〝五百人の学校（錦中）から五十人の学校（相良北中）へ〟希望どおりの異動ができた。〝教育こそ手づくり〟でなければならないと常々思っていたが、人数が多ければなかなかそれもできない。しかし、相良北中は全校生徒五十一人。まさに〝手づくり〟の教育実践が重ねられそうだ。さいわい一年担任（二十一人）になることができた。前節で述べた〝四十二の瞳〟たちのクラスだ。

坂の多い山の学校にちなんで学級通信の名前を「さかみち」と名づけ〝みんなで力を合わせて「さかみち」を登ろう〟とこの子ら、四十二の瞳たちとのスタートを切ったのだった。その「さかみち」（第五号・四月二十三日）に「父母が大好きな『さかみち』」と題する次のような文章がある。

班ノートは四日に一回まわってきます。私は班ノートが大好きです。なぜかというと班ノートは自分の書きたいことがたくさん書けるからです。父母も班ノートを読むのがとっても好きです。『さかみち』も父と母が大好きです。私が『さかみち』ばーいというと競争するように読みます。父は何やら集める趣味があるので、もちろん『さかみち』をあつめています。（中略）『さかみち』にはいろいろな班の作文がのっています。それもうれしいことです。二号には三班の冨尾富美子さんの〝やりとげる心〟で、三号は五班の山北浩光君の〝ほめられた自己紹介〟と、先生の文章、田畠君が遠足のとき、先生のペースに合わせて歩きいろいろ話したこと。四号は私と同じ四班の永井孝宏君の〝セッターになりたい〟でした。私は早く『さかみち』にのせられるような作文を書きたいです。それと、父と母は『さかみち』が好きなので、これからもどんどん発行して、父と母を喜ばせてください。

（四班　中村好美 一九八八年四月二十一日）

「励まされると元気が出るのが人間です。好美さんや好美さんのお父さん、お母さんから励まされたので『さかみち』発行にますます意欲が出てきました。がんばって書きますのでどうぞご愛読を！」

（上田）

この好美の文章からもわかるように、私の通信には私自身の文章はほとんどない。そのほとんどが「班ノート」などからとった生徒の文章である。班ノートには班の活動のようすや学級、学校でのこと、個人的体験、最近の考えや訴えなどなんでも自由に書くように励ます。

この班ノートのほかにも気がるに書く機会も何度かある。たとえば、映画、演劇、音楽などの鑑賞を終えたあととか、行事（体育祭、文化祭、合唱祭、修学旅行、クラスマッチなど）に取り組んだあとにひとくち感想を書くように勧め、習慣づけてきた。私はこの「ひとくち感想」をことのほか重視した。〝ひとくち〟書くのだから意外に書き手の感動が凝縮されている。生徒も〝ひとくち〟ということで抵抗なく書いてくれる。このひとくち感想に見出しをつけて通信に載せていた。

家庭ではこれら生徒の文章（教師の教育実践の反映）を通して、学級、学校のようすを知ることになる。私は前述の好美の文章のコメントのように、二、三行のコメントをつけるようにしていた。この短いコメントが家庭では意外に読まれていることが学級ＰＴＡなどの話し合いから伝わってきた。まさに、学級通信は、家庭と学校を結ぶかけ橋の役割を果たすのだと痛感したものだ。

学級通信に保護者の文章も

「上田先生は生徒ばかりじゃなく、親にも作文ば書かせやって《書かせなさるからとても困る》ようとぬさん」

家庭と学校のつながりをより密にするために一九七四（昭和四十九）年から始めた家庭回

覧ノート「らくがき」に対する家庭からの声である。しかし、こうぼやきながらもどの学校でも保護者は一軒も欠けることなく書いてくださった。書き手の約七割が母親であったが、ときには祖父母、兄弟姉妹の場合もあって家族との交流が深まっていくようで「返事」を書くのが楽しかった。

ノートの一ページ目に毎年、次のようなことを書いて協力を呼びかけた。

『学級通信』だけでは学校からの一方通行に終わりがちです。家庭と学校、家庭と家庭のパイプ役として、『らくがき』ノートを名簿順にまわします。四、五日、長くても一週間以内に書き、子どもさんに渡してください。家族紹介、我が子への思い（要求なども）、さいきん考えていること、学校教育への要求、意見、批判など、なんでも結構です。うんと〝らくがき〟してください。ご両親だけでなく、おじいさん、おばあさん、お兄さん、お姉さん、弟さん、妹さんなど家族ぐるみの登場を期待しています。ご協力をお願いします。担任　上田精一

教壇の高さから一方的にものを言いがちになる「学級通信」の弱点を補うものとして、この「らくがき」ノートは効果的であった。

一九八〇（昭和五十五）年（多良木中、三年三組）には、「らくがき」の一部をまとめて記念に配ろうという声が学級ＰＴＡ委員の中から生まれ、卒業文集の一部につけ加えられた。その「まえがき」を担当した井上温章《はるあき》さん（牧師。今も〝おんしょうさん〟と呼び親しんで

いる）と会えばこの「らくがき」のことが話題になる。というのは、卒業文集「さかみち」の付録として「らくがき」の一部を掲載するための編集にご苦労いただいた思い出があるからだ。

「『わ』（学級通信の名称）だけでは学校側からの一方通行に終わりがち。『らくがき』を家庭と学校、家庭と家庭とのパイプ役としてノートをまわしたいという先生の提案に大賛成したのを思い出しますなあ。いつの間にか、親と教師の対話の場になり、思いがけず〝心のふれあい〟という美しい花が開いとりました。親たちにとっては少なからぬ重荷じゃあったですが、先生に対してなんでも書けるということはありがたいチャンスでもありました」

そんな井上さんに、私はこう答えてきた。

「家庭訪問でも酒をぞんぶん飲んで、保護者の皆さんと仲良うなりましたばってん、『らくがき』からは実に多くのことを学びました。三年間持ち上がった相良北中の保護者には〝今年もまわしやっとや、ぬさんね。これがなかならよか先生ばってん〟と言われたもんですたい。資料庫に残してある「らくがき」ノートをめくってみると、皆さんよう書いていただいており、今さらながらびっくりです。『ぬさんね、らくがきは』と言われながらも頑固につづけてきたかいがありましたばい」

一九八五（昭和六十）年、錦中で一年二組を担任した年の学級通信の名は「たんぽぽ」だった。学級歌「たんぽぽ」(門倉訣作詞、堀越浄作曲)にちなんでの命名だった。この学級ではなんと「らくがき」を文集に残そうという話が学級委員(守永慶喜、安田武利、高橋ケイ子さん)から出、私から〝子どもの「班ノート」の文章もぜひ加えて〟と願い出て親子文集「たんぽぽ」(B5判九十八ページ)の発行となった。「らくがき」がなかったら家庭と学校(担任)がここまで固く結びつくことはなかったのではなかろうか。

「『らくがき』は大きな収穫だった」という小林常子さんの文章をここに引用してみよう。

この〝らくがき〟を印刷し文集として残しておく事、大賛成です。子供達の一つの思い出として何らかの形で残してやる事はとてもすばらしい事だと思う。〝上田先生〟と言う人に出会い、あっと言う間に一年間が過ぎてしまったけど、子供達はもとより、我々父兄もあらゆる面で色々な事を学びました。本当にありがとうございました。小学校の時と違い、中学校では父兄同士もなかなか接する機会が少ないけれど、この〝らくがき〟のお陰で、みんなが身近に感じられ、又、すばらしい人、家庭、考え方……等に出会う事ができました。大きな収穫です。

(錦中・小林邦之の母常子さん・一九八五年三月七日)

「文集発行に賛成していただきうれしく存じます。一日も早い発行へ向けて私も全力投球します。この『らくがき』を通して、一の二保護者同士、そして保護者のみなさんと私の間に連帯感が生まれたことをうれしく存じます。邦之君も心身共にたくましく成長しました。明るい子どもさんでした」（上田）

さらにもう一つ、三年間「らくがき」を書きつづけた相良北中の保護者の中から「バレーシューズを眺めてばかりいる」という坂口信子さんの文章を紹介しておきたい。

早いもので一学期も残り少なくなって参りました。二年六か月とクラブ活動も終り本格的な受験勉強になってきました。今迄の試合の中で県大会、中体連と試合のたびの点数、本当に残念でなりません。一点の重味がいかに大切か子供達に良くわかったと思います。しかし、一番嬉しかった事は三年の十三名全員が出場出来た事本当に良かったです。子供達の個性を生かして出場させて下さった谷水先生、宮田先生に感謝致します。これから受験勉強に力をいれてくれる事を願っているのですが……。バレーが頭から抜けない様子、バレーシューズを眺めてばかりです。早く勉強の方へ一生懸命頑張ってもらいたいものです。

（相良北中・坂口博之の母信子さん・一九九〇年七月十三日）

「十三名全員出場、担任の私としてもとてもうれしいことでした。愛情のこもった谷水先生、宮田先生の采配に満足しています。優勝は逸したものの、いい試合でした。エースアタッカーとしての博之君の成長もみごとでした（技術的にも人間的にも）。バレーシューズを見つめる博之君の姿が目に浮かびます」

（上田）

家庭と学校（担任）、家庭と家庭とのつながりが深まっていったようすがこれらの文章から伝わってくる。この「らくがき」ノートも私の宝物の一つだ。「らくがき」ノートは膨大な数に上る。保護者側から見た教育史として価値があると、ある出版社から出版を勧められたこともあったが、実現しないまま今日に至っている。

7 「先生、書いたばい」

ひろしと組んでくれんか

教職生活の総仕上げは住んでいる地区で、の願いがかなって一九九四（平成六）年四月、人吉二中に異動した。年度初めの最初の授業を「授業びらき」と呼び、年に一回限りの氏名点呼もことのほか丁寧にする。

二年の授業びらきでのことだ。山本ひろし（仮名）は私をにらみつけ、面倒くさそうに小さく声を出す。教科書もノートも出さず両手をズボンに突っ込み、いすにのけぞるようにして腰かけている。授業を受ける気はまったくないように見える。

最初が肝心とばかり、彼のそばに歩み寄る。背中をポンとたたき、「山本君、教科書持っとるか！」と聞いてみる。すると足を机の横に投げ出したままの姿勢で私をにらみあげるようにして「ああ」と小さく答え、机の中から教科書を投げ出すようにして出した。

「なんだ！　その出し方は。やり直し！」などと怒鳴れば元も子もない。いらだつ思いをぐっと抑えて、

「おう持ってきとったね。よし、それでは一年間で勉強する教科書がどういう内容になっとるか、みんなで確かめてみようか」

と言いながら教卓の方へゆっくりと引き返す。「ノートは？　鉛筆は？」と深追いすることはこの場合禁物だ。教科書を持ってきていたことを大いに認めてさっとひく。ひろしはふてくされたような態度をくずさず教科書を手に取ることさえもしなかったが――。

ひろしはその後の授業でも教科書もノートも出さない。つまりつっぱったままなにもしないのである。私は困りはてた。二か月ばかり経った六月ごろだったたか、中間テストの結果などを参考に国語の学習班を編成することにした。

「私は勉強は競争だとは思っていません。みんなで教え合い、わかり合い、伸び合うことだと思っています。わかる喜びを味わうことが勉強です。まちがった答えをどんどん出して、みんなで教え合って正しい答えを導き出す。私はそんな授業をしたいので、国語の得意な人と苦手な人を組み合わせ、男女混合の班をつくりたいと思っています。もちろん、私の編成に意見があれば聞くけれど」

教え合い、わかり合い、伸び合う放課後学習会（相良北中）

などと学習班をつくって授業を進めることについて説明した。ふと、ひろしに目を向けると、ひろしが顔を上げて私の方を見ていた。

班編成でもっとも苦慮したのがひろしをどの班に入れるかであった。やさしく思いやりのある勝夫という生徒がいた。彼は国語力もあったので班長（学習リーダー）にした。この勝夫をひろしと組ませたいと思った。「ひろしと組んでくれんか」と頼むと、一瞬「えっ、おれが」というとまどいの表情を見せながら「よかですよ」と受け入れてくれた。

ひろしがいる班を教卓から左側の廊下側の席にした。ひろしはあい変わらず机の上にはなにも出さず、窓ぎわの壁に寄りかかっている。勝夫はそんなひろしに、毎時間、自分のレポート用紙を一枚ずつ渡している。ところがひろしはそれをうさんくさそうに受け取るが、何もメモしようともせず、チャイムが鳴るとさっさと机の中に押し込んでしまう。それでも毎日、毎時間レポート用紙を渡す勝夫。

そんなある日、私はひろしの小さな変化を見た。ひろしが鉛筆を握っているのだ。

私はひろしの興味や関心はなんだろうと探しつづけていた。ちょうどそのころ、剣道の各種の大会で優勝を重ねる剣道部の報告に「山本ひろし」の名を何回か聞くようになった。私はこれだっ！と思った。四月以来「進級」「体育大会」などの機会に〝もっとも心に残ったこと〟を詩に書く授業を進めてきた。しかし、ひろしはそれらに何の関心も示さなかった。

二学期のある日の職員朝会で、ひろしが属する剣道部の優勝報告を聞いた。その日の授業のあと、思い切って働きかけてみた。

「ひろしくん、優勝おめでとう！　えらいがんばったげなね。どうだ、君だけにしか書けん詩ば書いてみらんか。得意技は出小手げなね。『出小手』という題でどうだ」

ひろしは「えっ、出小手ば知っとっとか」という顔をした。「よし、決まったな」。私が背中をポンとたたくと、彼は「ああ」と返事をした。すかさず用紙を渡した。

彼はそれを受け取り、「いつまでにね」と問い返してきた。「うん、今週いっぱいでどぎゃん」と言うと、微笑しながら頭をたてに振ったのだった。

私は「しめた」と思った。この日から彼と共通の話題ができた。「ひろしくん、書いたか」

と授業の挨拶の前に、前から二番めの窓ぎわにいる彼にそっと聞くのが日課のようになった。

「うん、まだ」と頭を横にふってにっと笑う。

「なにもかも書くなよ。君がもっとも心に残っている試合の中での一場面でよかとよ」

と伝えてさっと引く。あせらない。

廊下で会っても「できたか」と聞く。「うん、今ちっと書いた」とにっとかわいい笑顔を見せる。彼が私に笑顔を見せるようになったのは、このころからだったように思う。

数日後の放課後、「先生、書いたばい」と持ってきた。「出小手」という題で用紙いっぱいに丁寧な字で書いてある。

「おう、書いてきたか」

私はひろしの手を強く握りしめた。「出小手」という題で書いていた。一読して〝これはいい詩になる〟と思った。

ある日の放課後、彼は「詩の勉強につきあわんか」という私の誘いに応えて職員室にやってきた。腰をずらし椅子に背をもたれて授業を受けていたひろしが、消しゴムと鉛筆を持ってやってきたのだ。漢字などの個別指導で職員室に呼ぶとき手ぶらでやってくる子どもたちに「鉛筆と消しゴムくらいは持ってこいよ」と授業中に注意していたのを、彼はちゃんと聞いていたのだった。私はしんからうれしかった。彼をいとしいと思う感情が胸につきあげてきた。

ひろしは一時間半、熱心に私の推敲指導を受けた。

私は監督の那須純生さんから、試合のもようを取材していたので推敲指導でのひろしへの質問もスムーズにできた。

「『僕が選ばれた』と書いとるが、那須先生は、こんとき何て言いなっと」

「『ひろし、行け』て言うて、おれば指さしなった」

「じゃ、そぎゃん《そのように》書けば。そして、そこから書き出した方がよかごたるね。前の五行は説明だもんね」

ひろしがうん、うんとうなずく。

「『小手だ。小手、出小手だ』と先生の叫びなったとかい?」

「じゃ、なか。先生の目ば見ておれが感じたと」

「じゃ、そぎゃん書いた方がよかっじゃなか。先生の目から感じ取るとはさすが剣道の達人ばい」

こんな会話をつづけながら、私の推敲指導を受けたのだった。こんなに集中力のある子だったのか。こんなにすなおな子だったのか——私はある感動を覚えながら、放課後のひととき を送った。丁寧な文字で清書を終え、ひろしはさわやかな笑顔を残して武道場へ走っていった。

がんばるけん、先生

翌日、ひろしの教室に出た私は、前日のひろしと私の詩の勉強のようす、題名を「代表決定戦」に変えたいとひろしが主張したことなどをくわしく話したうえで、心を込めて詩を読み上げた。

代表決定戦

「ひろし行け。」

先生の指が僕を指す。

僕が勝てば優勝が決まる。

足が急にがくがくふるえ出す。

「はじめ。」

審判の声

「イヤーッ。」
腹の底から声を出す。
相手をにらみつける。
自分の技を次々とくり出す。
でも決まらない。
「延長、はじめ。」
一回
二回
三回
四回
ついに延長五回。
先生の目を見る。
「小手だ、小手、出小手だ。」
先生の目が教えている。
相手がさし面を打ってくる。
その瞬間、僕は出小手を打つ。

先生は笑顔で小さくガッツ。
チームのみんなは
両手を挙げて立ち上がっていた。

級友たちが笑顔で拍手を送った。ひろしはその拍手を体いっぱいに浴び、てれくさそうに笑っていた。かわいい〝少年の顔〟だった。

子どもたちは何かのきっかけで、大きく変化し成長発達する。学校はそういう場を一つひとつタイミングよくつくっていくところだ。その変化と成長を手助けするのが教師の仕事なのではなかろうか。ひろしは代表決定戦で勝つ喜びを納得のいく詩に書き上げたことがきっかけで少しずつ授業にも参加するようになった。四月に出会ったころのあの投げやりなひろしは影をひそめ、班学習では班長の勝夫から説明を聞いたり話し合ったりするようになっていた。まさに〝感動は子どもを変える〟のだと思う。

翌年は残念ながらひろしの学級を受け持てなかった。あるとき、ひろしの隣の学級の授業を終えて廊下に出ると「先生！」と声をかけてきてこう言った。

「先生はあい変わらず声の太かね。おれたちの教室にも聞こえとっとばい」

廊下などで出会うと、

「先生、元気ね、がんばんないよ《がんばりなさいよ》」

と定年まであと二年の私を励ますように背中をポンとたたいて走り去っていく。

三月、ひろしたちの卒業式を終わり、校門では卒業生をブラス部の演奏に合わせて送り出すための在校生、保護者、教師の列ができていた。そろそろ行かねばと思いつつ誰もいなくなった職員室で事務を執っていた私は、人の気配を感じてふり向いた。ひろしが立っていた。

「先生、ありがとうございました」

私はつられるように立ち上がり、彼の両手を握りしめ肩をぎゅっと抱いた。

「高校でも剣道するげなね。がんばれよ」

「はい、がんばるけん、先生――」

そう言うとひろしはかけ足で校門に向かってかけ降りていった。

8 生徒に学んだ教育の基本

女生徒からの異議申し立て

この年度で教師生活に終止符を打つという人吉二中時代の一九九七（平成九）年。

二学期、体育大会も大成功に終わり、「さあ、次は文化祭だ」と張り切っていた九月の末のことだった。一年三組の授業を終え、教室を出ようとしたそのとき、数人の女生徒が教卓の周りを囲んだ。

「先生！　先生の国語の授業について意見があります」

彼女たちの真剣なまなざしから短時間の立ち話ではすまないなと直感した私は、「放課後、会議室においで。何でも聞くから」と言った。内心穏やかではなかった。〝おれの授業のどういうことに意見があるのだろう〞とあれこれ考えたが思い当たる節がない。

放課後、女生徒四人が緊張した面持ちで会議室にやってきた。私も緊張していた。すすめた椅子に座るやいなや加奈が意を決したように切り出した。

「先生は騒ぐ男子を思い込みで見ていませんか。真也くんたちを騒いで授業の邪魔になる生徒という先入観で見ているように思います。確かに授業に関係のないおしゃべりもするばってん、授業もちゃんと聞いていると思います。それを認めてやってほしかとです」

言われてみると、そのとおり。私は彼らを静かにさせないと授業が進まないという思い込みをしていたようだ。日ごろから自らに戒めている〝押さえつけ〟をし、しばしば大声で怒鳴っていた。

「そうだね。確かにあなたたちが言うとおりだ。これからは真也くんたちを信頼して、彼らの発言に耳を傾けることを約束する。もちろん、明らかに授業のブレーキになるような行為に対しては、注意するけど。本当はあなたたちがお互いに注意し合える学級をつくってくれると楽しい授業になると思うよ」

彼女たちは、「注意するのはやりにくいけどがんばります」と目を輝かせた。

孫のような生徒たちを一方的に押さえつけていたことを指摘され恥ずかしい思いをしていると、加奈が由美に「今度はあんたがいいない《言いなさい》」とささやいている。ああ、まだあるのかと緊張して待っていると、由美が私の目を鋭く見つめて、

「先生は真也くんたちとほかの人たちとで言葉づかいがちがいます。それは差別ではありませんか」

これには反論した。

「いや、それはちがう。ぼくは差別がいちばん嫌いだからそれはしていないつもりだよ」と強く否定した。しかし、言われてみれば注意するときには確かに語気が強くなり、言葉づかいも荒々しくなっている。だから私は約束した。注意するとき怒鳴らず、ことばづかいにも注意することを――。

痛いことを突かれ、私の口の中はからからに乾いていた。私の約束に肯いた由美は隣の美紀を肘で突いている。へえ、まだか。私は溜め息をつきながら美紀の言葉を待った。

「先生、ほかの学級と比べないでください。三組には三組のよさがあると思います。三組らしい授業をしてください。比べられると、つい対抗意識が出てきて嫌です」

教職最後のこの年、三年二クラス、一年二クラスを担当していた。このクラス、つまり一年三組は男子にひょうきん者が多く、女子はしっとりと落ち着いていておとなしい子が多かった。私の発問に応えてくれず、いらだつこともあった。だから、つい「四組は元気よかがね。発表もようする」と口に出して発表を促すことがあった。美紀から指摘されてドキッとした。家庭訪問などで、

「上ん子たちはよう勉強しとりましたが、こんすったれ坊主ばかりにゃようとぬしまっせん《本当に困ります》。いっちょん《少しも》勉強ばせじいテレビとまんがとファミコンですけん」

などということばを子ども本人の前で愚痴る親御さんに対して、

「わが子といえども比べるのはいかがなものでしょうか。それぞれに長所もあれば欠点もあるのです。比べるのではなく一人ひとりのよさを認め励ましてやりましょうよ」

などと言ったものだ。

〝教え合い励まし合い、どの子も伸び合う〟は私の教育理念の一つで、この年の学年目標でもあった。私はそれを忘れて学級を競い合わせていたのだ。私はまるごと美紀の言い分を認めた。

「三組には三組のよさがある。本当にそうだ。三組らしい授業をするよう努めるよ」

と応じたのだった。

話し合いを始めてすでに三十分を過ぎていた。四人目ののぞみが体を揺らしている。まだあるのかなあと緊張していると、

「先生、私たちの意見を聞いてもろうてありがとうございました。本当は少しこわかったとです。聞いてもらえるのかと思うて——。ばってん、先生にわかってもらえてうれしかったです」

のぞみは意見ではなく〝まとめ〟の発言だった。私は内心ほっとしながら、「今日はありがとう。よう、言うてくれたね。あなたたちが言うてくれんなら、ずっと真也たちを怒鳴りつづけとったかもしれん、本当にありがとう」

生徒に教えられた教育の基本

私は一人ひとりと握手しながらも、心の中はショックで泣きたい思いだった。恥ずかしかった。一人職員室に帰り溜め息ばかりついていた。このことを誰にも話す気になれなかった。

家に帰ってからの晩酌も恥ずかしさで苦かった。日ごろ何でも打ち明ける唯一の話し相手の妻にも語る気になれず、一人でビールグラスをかたむけつづけた。しかし、酔うほどに冷静で筋道の立った、しかも、怒鳴られる男子の側に立った友情あふれる意見を述べてくれた子らに出会えたうれしさがじわっと込み上げてきた。苦い酒はいつしかうまくなっていた。

その週の「週刊学年だより」の担当は私の番になっていた。六百字の教育コラムも学年会のメンバーが交替で書いていた。私は四人の女生徒たちとの話し合いを包み隠すことなくつづった。

「九月も終わろうとする二十九日は私にとって強く心に残る日となりました。ある学級の女生徒数人が私の国語の授業について率直な意見を述べてくれたからです」と書き出し、前述したことがらを述べ、「いや、素晴らしい生徒たちです。〝子どもから学ぶ〟とはこのことです」とまとめた。

　このコラムを読んだ学年メンバーの一人、新卒二年目の女教師（英語）はこう言った。

「上田先生、今週のコラムよかったですよ。私、元気が出ました。先生のようなベテラン先生でも生徒から文句を言われることのあることがわかって！　私、生徒から文句を言われるたびに落ち込んで、もう辞めたいとそのたんびに思うとったとですよ」

　思わぬところに共感者が現れ、苦笑したのを思い出す。

　真也たちは落ちついてきたやに見えたが騒ぎぐせは簡単には直らなかった。私はそれをぐっとこらえ、真也の班の班長（四人の女生徒の一人、のぞみ）に目で合図すると、そでを引っぱって注意してくれるようになっていた。

　教職のゴールまであと半年というときに、教育の基本中の基本を教えられた一年三組も私にとって忘れ得ぬ学級の一つだ。

9　最後の授業で思わぬ〝ドラマ〟

まど・みちおさんの詩で最後の授業

作文の会では退職する先輩たちが〝最後の授業〟を公開でやってきた。その伝統を受け継いで、退職を十日後に控えた一九九八（平成十）年三月二十日の五時限目、一年四組で公開研究授業をした。作文の会や中学国語研究会の仲間、人吉二中の同僚、保護者、友人ら三十余人の皆さんが参観に見えた。

「つけもののおもし」という詩を教材にした。

つけものの　おもしは
あれは　なに　してるんだ

あそんでるようで
はたらいてるようで

おこってるようで
わらってるようで

すわってるようで
ねころんでるようで

ねぼけてるようで
りきんでるようで

こっちむきのようで
あっちむきのようで

おじいのようで
おばあのようで

つけものの おもしは
あれは　なんだ

作者は誰もが知っているあの有名な童話「ぞうさん」の作詞者まど・みちお（一九〇九～二〇一四）である。

「ぞうさん、ぞうさん、おはながながいのね。そうよ、かあさんもながいのよ」

私はこの歌を子や孫たちと歌うとき、このフレーズになるといつも胸が熱くなってくる。

「つけものおもし」を板書して最後の授業

自分たちと違って鼻が長いぞうさんの子は〝はながながい！〟とからかわれながらも少しもいじけず〝そうよ、わたしのだいすきなかあさんもながいのよ〟と胸を張るぞうの子の心情にである。

ところで、そのまどさんに痛恨事があった。戦後五十年近く経って千を超える作品の中に二篇の戦争協力詩を書いていたことを知ったことだ。まったく記憶になかったが厳然たる事実だ。どうすべきかを考えた末、『まど・みちお全詩集』（理論社）のあとがきの全紙面を費やして、そのいきさつとお詫びを書いた。「動顚《どうてん》した頭でどうすべきかを考えましたが（中略）懺悔も謝罪も何もかも、あまりの手遅れです。慚愧《ざんき》に耐えません。言葉もありません」と。

私はこのようなまど・みちおさんの誠実な人柄とこの詩の深さに心を打たれていたので、まど・みちおの詩をこの記念すべき〝最後の授業〟の教材にしたいと考えていた。

詩教材は各学年とも第二単元（五月）で二篇ずつ、第三単元（九月）で一篇ずつ配列されていた。一年の一篇はまど・みちおの「空気」である。生徒たちは作者のやさしいまなざしをこの作品から感じ取っていたようであった。

本教材はこの「空気」の発展教材として位置づけることができる。さらに三年では第一単元の冒頭に「まどさんのうた」（阪田寛夫）という随筆が出てくる。童謡「ぞうさん」などを引用してまど・みちおのやさしい人柄がまるごと伝わってくる教材である。生徒たちが三年になって学ぶ「まどさんのうた」にも結びつくと考え、この「つけもののおもし」を選んだ。難解な語句もなく一時間取り扱いの教材として最適と考えたからだった。

しかし、読めば読むほど深みがあり、「一時間扱い」で計画を立てたことを後悔した。日程的に二時間扱いへの変更はできず、一抹の不安を残しながらも一時間扱いの指導案を作った。

授業の流れと本時の目標は次のようになっている。

授業の流れ（文芸研の理論を参考に）

〈第一段階〉とおし読み（通読、印象を読む）

〈第二段階〉たしかめ読み（精読、技法、形象を読む）

〈第三段階〉まとめ読み（味読、主題、思想を読む）

本時の目標

（1）第七連の「おじいおばあ」は「つけもののおもし」のような存在、つまり目立たなくても役に立っている貴重な存在だということを生徒たち自身の読みの中から引き出したい。

（2）三つの段階を通して感じたこと、気づいたことを自由に伸び伸びと発表させながら、詩を鑑賞する喜びや楽しみを味わわせる。

思わぬ〝ドラマ〟

今、その指導案を読み返してみても、私の悪い癖の〝盛り込み過ぎ〟が見て取れる。残念ながら「一抹の不安」は的中した。残り時間は少なくなっていた。第三段階でのまとめ読み（表現読み）を数人に読ませる予定だったが、時間がない。

やむを得ない、一人に読ませてまとめに入ろうと思い挙手を求めたら、五、六人が手を挙げている。その中に渕上幸太がいた。私は幸太の目の輝きに惹かれて「おう、幸太くん！」と指名した。その直後〝ふざけた読みをするなよ〟と言う思いが私の胸中を過《よぎ》った。〝子どもを信頼すべき〟と常日ごろ自らに言い聞かせていながらである。

幸太が真剣に〝自分の読み〟を音声化している。それを聞きながら、幸太への謝罪と感謝の思いが込みあげてきた。読み終えたとき、級友から大きな拍手がわいた。もちろん、三十余人の参加者からも。

「幸太くん、よく読めたぞ。いつも注意ばかりされてきたのにな……」。

あとは言葉がつづかず、胸が詰まった。

先輩教師の故桑原寛さんがその場面を客観的につづった文章がある。その一部を引用したい。

2中国語部と作文の会の仲間から花束をいただく。

「授業は彼が目指した通りにはいかなかったが、目標のおおよそを達成して終わった。指導計画では、主題を読み取ったあと、さらにその主題に迫るために表現読みを行うことになっていた。数名の生徒が挙手した。その中に、いつも授業に参加せず、上田さんを手こずらせていた生徒がいた。上田さんは迷わずその生徒を指名した。その生徒は自分が読み取った主題を心をこめて音声化し読みとげた。読み終わったら、期せずして生徒たちの拍手が起こった。この拍手で、この授業は成功だと思った。」

授業を終えると子どもたちによる「マイ・ボニー」の歌のプレゼント。そして思いがけない「お礼のことば」。日ごろ授業では注意したり、怒鳴りちらしのくり返しで、さぞかしおもしろくなかったろうに……。それなのに、この日の授業に集中してくれた子どもたちのやさしさに胸を熱くしっぱなしだった。二中国語部や作文の会からは花束までいただいた。

生徒、参観者の皆さんの拍手に包まれ、最後の授業は終わった。

10 ことばは厳しく目はやさしく

〝魔術〟にかかる子ら

二〇一一（平成二十三）年の正月二日、三十歳記念同窓会に招かれた。私の教職生活最後の勤務校である人吉二中で、入学から卒業までともに歩いた十五年前の〝中学生たち〟との再会だった。

その学年の子らとの日々を具体的にリアルに思い出すことのできるものが、いくつかある。その一つは各種文集（学級文集、学年文集、修学旅行文集、卒業文集など）である。だから卒業生との会合にはかならず文集を会場に持参する。国語担当だったこともあってこの文集だけは初任の年からなんらかの形で発行してきた。保存していない卒業生も多いからどの会合でも文集は引っぱりだこだ。

文集とともに持参するのが「班ノート」だ。すると、かつての中学生たちは自分の文章や友だちの文章を指さして笑い転げたり涙ぐんだりする。そんなこともあって数年前から「班ノート」のたぐいはその学年の代表者に返す〝儀式〟を始めている。

さてもう一つ、その学年をリアルに思い出すことのできるものがある。それは私の場合は文化祭での学年劇だ。多良木中一年学年劇『新田くずれ』を皮切りに錦中で七年、相良北中で六年、そしてこの人吉二中で四年、毎年学年教師集団が心を一つにして演劇に取り組んできた（相良北中では小規模校ゆえ学校劇）。街角でひょっこり卒業生に出会って「ああ『ブリキの勲章』の学年か」などと言って語り合っていると、当時が鮮明によみがえってくるのだ。

この学年では一年で「平和と命の尊さを」を学年テーマに『火垂《ほた》るの墓』（野坂昭如著）を、二年では長崎修学旅行でのホテルの大広間で聞き入った下平作江《しもだいらさくえ》さんの被爆体験談を劇化した『鳩よ舞い上がれ』と、平和をテーマにした演劇に取り組んだ。三年では、骨肉腫で右腕を切断しなければならなくなった中学生の亜里が、ハンディを乗り越え希望の高校に合格するという、進路をテーマにした『翼は心につけて』（関根庄一著）を熱演した。

その演劇のけいこで思い出すのが柔道部員だった裕《ゆたか》（仮名）たちのことだ。けいこ場が武道場ということもあってか、けいこの時間になっても柔道の寝技をしたりレスリングをしたりして転げまわっていた。目を剥《む》いて怒鳴りつければ、反抗してくることは日ごろの彼らの言動から目に見えている。すべてはそこでジ・エンドとなる。

幸い私には長い教職歴の中で会得した〝教育技術〟があった。それは「ことばは厳しく目はやさしく」である。注意すべきはことばを選びながら厳しい口調で、しかし、目には笑みをたたえて語りかけるのである。

「こらっ！　裕！　おまえたちは何しに来とっとや！　遊びに来とっとか！　文化祭まで何日あるか数えてみろ」（ここで間を置き、裕らのグループに笑みをもった目を向ける。）

「わかった！　わかった。先生、ピシャッとすっけん」

効果はてきめんだった。ほとんどの生徒がこの〝魔術〟にかかり、いちおう納得してくれる。しかし、まだ本当にわかっているわけではないから〝ことばは厳しく目はやさしく〟を毎日毎日くり返すことになる。

しかし、裕たちのようにいわゆる〝つっぱった〟子どもたちには目立ちたがり屋が多い。だから要求だけはふくらむ。『翼は心につけて』では、校長が病院に出向いて亜里に卒業証書を渡す場面にも裕たちは〝俺たちも出たい〟と言ってゆずらない。

「おれは亜里にラブレターを渡す役だから、そういう大事な場面に俺がいないのはおかしい」と言い張る。もう一人に聞くと、「その友だちだから」とにやにやしている。

結局、その要求も入れた。ではどうやるか。「じゃ、その演技を説明してみろ」と言うと、亜里がたくさんプレゼントをもらう場面で、わざと右手を出す。「あっ……」と言って次に左手を出すというのだ。観客に、亜里が骨肉腫で、すでに右手を切除していることを知らせるというのである。観客のお母さんたちには「あの右手のところがジーンときた」と評判になった。これは裕が考えた演技だ。

「裕くん、あの場面評判よかったぞ」

とほめると、

「先生、俺が出たけんよかったろがな」

と彼は満足気だった。私はそのとき、裕を本当にかわいいと思った。この子らを切り捨てて教師の思いどおりの劇をつくるのは簡単だが、それでは子ども主体の活動とはならないし、感動も生まれない。子どもが真剣に考えて、そのうえで要求しているのだとわかったときは、その意見、要求をどんどん織り込んでいかなければならないと思う。

もう一人、柴田貴洋《たかひろ》のことを書きとめておきたい。

貴洋は台本を読み終えたときから亜里の担任、森先生をやりたいという強い希望を持っていた。ところが、もう一人「どうしてもやりたいという友だちがいたので、ゆずってほかの役をやることにした」（貴洋の作文より）。キャスト決めでみんなの勧めもあって不承不承「校長先生役」に決まった。引き受けはしたものの見るからに不満そうであった。私はそのようすを見て、この劇の最後を締めくくるきわめて大切な役柄なのに大丈夫かなと内心心配だった。

主人公の亜里が息絶える。両親のわが娘を呼ぶ、

「あさとーっ、あさとーっ！」

の悲痛な声が体育館にひびく。静かに幕が閉まる。拍手がわく。貴洋の出演はこのあとだ。ステージ下に運ばれた演壇に立つ貴洋にスポットがあたる。〝モーニング姿の貴洋校長〟は胸に赤いバラをつけている。亜里が入学するはずだった和光高校の入学式の場面だ。「亜里さんの心を大切にして」と最期まで生きる希望を持ちつづけた亜里さんをたたえ、生徒に語りかける、まさにこの劇の締めくくりの五分間に及ぶ長いせりふなのだ。

このせりふを一人で練習しなければならない貴洋は〝つまらん〟〝劇のつけたし〟くらいに思っていたのではないかと思う。逆に私は和光学園の丸木政臣校長の格調高い追悼の思いを込めた入学式式辞の〝再現〟を考えていたのだから貴洋と私の思いには大きなへだたりがあった。

本番三日前になって貴洋を呼んだ。そのときのことを貴洋はこうつづっている。

「ちょっとせりふば言ってみてんの」と上田先生にいわれた。「まだ半分くらいしかおぼえてないですよ」と言ったら、先生は「なんばしよっとかお前は！　一週間もたって、まだセリフもおぼえきらんとか！」とすごくおこられた。

またどなってしまって汗顔の至りだが、そのときも、例の目には笑みをたたえて、「よし、もう時間もないし、ちょっとむりかな。せりふば半分削るか。後半の大事なところばってん、しょんなか」

と思いきって言ってみた。「はい、ありがとうございます」とでも答えたらどうしようと思いつつの〝じかけ〟だった。そのときのことを貴洋はこう書いている。

「は？」と思った。そして次の瞬間、「またあ、今さらなにをバカなことを言っているのですか！」と言ってしまった。これはぼくの本音だった。

貴洋が本音で向かってきたのは私の目に笑みがあったからだろうと思っている。目を剝《む》くいて怒鳴りちらしていたら貴洋の〝不満〟に火がついて役を投げ出していたかもしれない。貴洋の出番が終わった。貴洋を照らしていたスポットが静かに消えていく。再び大きな拍手がわいた。そのときのことを貴洋は「校長先生役」という長い作文の結びでこうつづっている。

(僕の出番が終わって）劇が終わり、みんなでテーマソング『翼をください』をうたった時は、本当にうれしくて涙がでそうだった。あの時、がんばってよかったなあ、と何度も思いながら歌った。いやいやながらやった校長先生役で、こんなに感動できるとは思わなかった。

しかし、裕や貴洋を〝魔術〟にかけたこの〝教育技術〟も五十代半ばのいわば〝教師の晩年〟になって身につけたものだった。それまでの私は書き記すのも恥ずかしいくらい怒鳴り散らしていたのだ。いや、この〝技術〟を会得してからも怒鳴り癖が直らなかったことを思うと、消え入りたいほど恥ずかしい。

その夜の同窓会

同窓会のその夜、〝あの裕たちも来ているかな〟〝どんな青年に成長しているかな〟などと思いつつ、卒業文集「スクラム」持参で気もそぞろに会場へ向かう。酒宴に入ると、それぞれの担任教師の周りに輪ができる。学年主任で担任クラスを持たなかった私の周りにも〝ことばは厳しく目はやさしく〟接した子らをはじめ、なつかしい当時の少年少女たちがビールびんを持って集まってきた。

「先生、裕は仕事の都合で欠席ばってん、まじめに働いとってですよ」という報告を聞くと急にうれしくなった。身長一九〇センチを超える公一（仮名）が〝先生〟と言って私を羽交締めにしてきた。

「よう、公一か。また伸びたごたっね」

「はい。三センチばかし」とビールびん片手に私を見下ろしている。

公一はバレー部員だったが練習ぎらい。学習意欲もなく国語の授業でやる漢字五問テストもいつも白紙を提出して平気でいる生徒だった。

その公一が二学期の期末テストの答案を配ったあと、「おれの点数、一点上がるばい」と大声で教卓の私のところにきた。私はその声を耳にしながらも二人連れでやってきた女生徒を先に対応したのだ。やがて公一の喚《わめ》き声が聞こえた。

「えぇい、くそ、もうよか！　おれが先に来とったとになんでやあ」

公一は暴れだし、私をにらみつけて黒板の下の壁を力任せに蹴っている。数人の男子が駆けつけ「公ちゃんやめろ」と言いながら私のそばから引き離したが、なおもすごい剣幕で私に迫ってくる。立ったままでは長身の公一とは〝勝負〟にならないと思った私は、すかさず近くにあったいすを公一の前に据え、

「公一！　なんだ！　その暴れようは」

公一が私をにらみ返した。ところが私の目が笑っている。例の〝魔術〟にかかったのか、友人たちの制止が効いたのか、公一がおとなしくいすにかけた。私もすばやく公一の前にいすを運んだ。

話し合っているうちに、意図的に私が公一をあとまわしにしたのではないことをわかってくれたようだ。私は公一が怒り狂って握りつぶしていた答案をていねいに教卓の上に広げ、ゆっくりとしわを伸ばしながら語りかけた。

「公一、勉強意欲が出てきたごたっねえ。今まで点数なんかどうでんよかったおまえが、『おれの点数、二点上がるばい』と言うてきたときゃうれしかったぞ。どうや、放課後の漢字勉強会にかたらんや《参加しないか》」

公一は苦笑いしながら小さくうなずいた。

この公一には後日談がある。人吉二中のすぐ近くの高校（球磨工業）に進学した公一がある日の放課後ひょっこり教員室にやってきた。漢字五問テストの採点をしていた私は採点の

手を止めて、「おう。公一か。元気だったか」といすを勧めた。

「はい。今日は中間テストが終わったけん、暇だけん来ました。今年で定年の先生は元気しとるかなあと思うて」

「おう、そらああありがとう。気にかけてもろうて。このとおり元気たい」

そう言う私に公一が言った。

「先生、あい変わらず五問テストばしよっとね。いっちょかふたつしか書ききらんもんにゃ、なんかひと言書いてやれば」

私は公一のやさしい心根に触れたようでうれしかった。

「そうね。公一からよかこと聞いた。これからそうすっぞ」

私は公一の注ぐビールをぐっと飲みほして、公一の背中に手をまわし抱き寄せた。

一人ひとりの肩を抱き寄せ、ビールを酌み交わす。ビールがぐいぐい入っていく。教師冥利に尽きる一夜であった。

2章

教え子を再び戦場に送らないために

演劇をとおして平和を考える

1 「永井隆博士の思い」に触れて

被爆した人々を演じる

錦中勤務の一九九三（平成五）年、修学旅行を終え、その事後学習に取り組んでいたころの放課後だった。職員室にやってきた内山聡子《さとこ》と高浜みどりがこう言った。

「今年の文化祭で『この子を残して』ばしたかです。長崎修学旅行で永井隆博士のことについて調べたたし、如己堂《にょこどう》にも行ったたし、今、人吉の第一映劇に映画が来とるし、ホテルでの平和のつどいで『この子を残して』の予告編ば見たときからそぎゃ思うとったとです」

この年の修学旅行では、長崎で被爆しながらも被爆者救援などに努めた永井博士を描いた映画『この子を残して』（監督・木下恵介）の予告編を地元の長崎県映画センターに頼み込んで上映してもらった。この物語が長崎での実話だという臨場感をねらってのことだった。予告編上映後、被爆教師の末永浩さんの話を聞いた。末永さんは予告編とはいえ原爆をテーマにした映画のあとだったので話しやすかったと喜んでいた。

鑑賞教育部を担当していた私はこの映画をなんとかして生徒に観せたいと思い、映画館に行って観られるよう職員会議に提案し、推薦映画にすることができた。観に行った生徒は当然のことながら修学旅行で長崎に行った二年生が多かった。彼女たちはその全編を観て感動を深め、劇化要求につながったのだと思う。

修学旅行の学び（感動）を文化祭へつなぎ劇化するということは事後学習を深めるのにきわめて効果的だなと、聡子たちと対話しながら思った。だから、私はいわゆる前向きの表情をしていたのだろう。ことばでは「なるほどねえ。『この子を残して』かあ。みんなが乗ってくれるかなあ。去年『幸野溝《こうのみぞ》』ばやったときの演技派がけっこうおったよねえ。その人たちを誘ってみたら」などと無責任なつぶやきとけしかけをしてしまった。

彼女たちは私のこのつぶやきやけしかけを真に受け、もう演目が決定したかのような表情で職員室を出て行った。

私は慌てた。〝演劇指導を一人でやれるはずがない。先走っちゃいかん〟と自らに言い聞かせ、翌朝の職員朝会のあとの学年打ち合わせ会で事のなりゆきをかいつまんで報告した。数日後の学年会で〝一部の生徒とはいえ、やる気を持って動いているのだから大切にしよう。

期間も短いし演劇の内容からいってもたいへんだが、学年劇として取り組もう〟ということになった。

二年所属の六人の教師が任務分担して、それぞれの指導にあたった。大道具を担当した竹内弘治さん（技術）が言った。

「上田さん、私は如己堂やバラック小屋を背中合わせのセットにし、回り舞台にしてみようと思うとっとばってんどうやろか」

私は思ってもいない竹内さんのことばに背中がゾクッとした。一年生のとき取り組んだ地元の歴史に材を取った江戸元禄時代の高橋政重というすぐれた指導者のもと農業用水路づくりに取り組んだ農民たちのドラマ「幸野溝」では大きなバック絵だった。今年もバック絵かと思っていたので意表を突く提案に、すでに演劇が完成したような思いになった。竹内さんが大道具の生徒二十人を指導しつつ如己堂やバラック小屋をみごとにつくり上げたときの大道具班の男子生徒たちの満足げな表情を今も昨日のことのように思い出す。

演出担当の私は原爆投下直後の〝被爆した人々の群れ〟（四十人）の場面にとりわけ力を入れた。被爆した人々がどんな思いで死んでいったのか――。修学旅行での学びや原爆資料館の展示物を思い起こさせ、原爆投下後の長崎の惨状を描いた予告編や広島、長崎の写真集で被爆直後の惨状を追体験し、被爆者の心をしっかりと刻ませることに心を砕いた。引き裂かれたランニングやズボン、モンペを着て半裸で気が抜けたようにのろのろと歩くこの役を、最初のうちは男女を問わず敬遠していた。

しかし、練習を重ねるにつれて子どもたちの目が光り、練習に熱が入っていった。大柄な女子が小柄な男子と組んで母親と息子を演じた。大柄な男子が小柄な男子と組んで兄弟を演じた。髪の毛を逆立てわが子の名を呼びつつ狂死する母親になりきろうとした女子や、バケツを握りしめたまま放心したように歩く少年を演じた男子などの熱演も観客の目を引いた。

これらそれぞれの組み合わせはすべて「被爆者の群れ」を演じる生徒どうしの話し合いから生まれた。

ただ一人とぼとぼと歩き舞台中央で倒れる役を演じた大沢和也（仮名）は小学時代にすでにタバコに近づき、私が担任した中学一年ではすでに常習になっていた。教科書もノートも机の中に置きっぱなしのうえ、かばんにはテープレコーダーだけを入れて登校することもしばしばだった。授業に集中できず、学習意欲もまったくないといっていいほどなく、問題行動を起こし、私の和也宅への家庭訪問は増える一方だった。その和也が被爆者の役を希望したのだ。最初のうちは練習をさぼってばかりだった。練習に来ても騒いで私からどなられていた。しかし、当日の出番直前の和也の表情はひきしまっていた。

文化祭の感動を詩にする国語の授業で、和也がこんな詩を書いた。

文化祭

被爆者だ
ぼくは被爆者だ
ぼろぼろの服を着て
歩いて死んだ

乱雑な文字で書きなぐったような書きぶりだったが、私の心をひきつけた。この詩をみんなに紹介したいがどうかと問いかけると、これまでに見せたことのない笑みを浮かべてうなずいた。

子どもは変わる

ある日の授業の導入で和也の詩を大いにほめながらこう話した。

「和也くんが被爆者になりきろうとしている心が伝わってくるいい詩だ。書き出しもいいし、

被爆した人々の群れを演じる。（『この子を残して』錦中　1993 年）

二行目で『ぼくは』とつけ加えて『被爆者だ』とくり返しているところもいいね。三行と四行は和也くんが演じたままを簡潔に表現している。リズム感もある……」

子どもは変わる。意欲的に取り組み、それが認められるとき飛躍的に前進する。日ごろはつっぱっている和也が飛躍的な変革を遂げたのは、修学旅行や被爆写真での〝追体験〟をもとに友人と被爆者を演じた理解の深まりが強く働いたものと思う。

子ども文化は一般的には受動的なものが多いが、演劇活動は能動的な学びを表現する営みの中に今日的意義がある。私はこの表現活動を「自己の対象化」であると同時に「新しい自己発見」の過程だととらえている。このことを「学力」という側面からみると、教科学習では主として「個」の学習が中心になることが多いが、演劇では対人関係（友人、父母、教師など）による学び合い、磨き合いのなかで感動し、共感しつつ、人間として生きていくうえで欠かせない認識力を育てていくという面が強い。和也の詩はまさにこれにあてはまるのではないかと思う。私はこのような点に魅力を感じてその年、同僚たちと演劇教育の苦労をともにした。

この序幕の和也を含む被爆者を演じた四十人の熱演が、如己堂で死んでいく永井隆博士と誠一《まこと》と茅乃《かやの》の二人の子どもとの場面の迫真の演技を引き出すことにつながったのは言うまでもない。

永井博士を演じた生徒会長の佐藤浩臣は野球部の主将も務め、推されてこの演劇の演出も担当した。口数少なく出しゃばらず引っ込まずのおっとりした人柄の浩臣に助けられての私の演出指導だった。

今も保存しているビデオを見直しても、このラストの浩臣の演技は圧巻だ。中学二年の子がいとし子を残していく父親になりきっている。戦争反対を説く永井隆になりきっていて胸が熱くなる。

「たとえさいごの二人になっても、きっぱりと戦争絶対反対を叫びつづけておくれ。たとえ卑怯ものと非難されても裏切りものとたたかれても、戦争絶対反対の叫びだけは忘れずに守りつづけておくれ。敵が攻めてきたとき、無抵抗ならみすみす殺されてしまうのではないかと言う人も多いだろう。しかし、汝《なんじ》が剣を鞘《さや》におさめよ。剣をとるものはみな剣に滅びる。敵も愛しなさい。愛し愛し愛し抜きなさい。おまえたちが遺す子どもたちのためにも絶対に忘れちゃいかん……」

と声をふり絞って語り、息絶える永井隆博士の最期の場面を演じた浩臣の長いせりふが観客の涙を誘い、鳴り止まぬ拍手の中で幕が降りたのだった。

浩臣の母親ふみよさんは文化祭が終わった数日後、「恥ずかしかばってん感想ば書いたで読んでください」と言って、原稿用紙二枚にわたる次のような感想を寄せてくれた。

「この子を残して」を見て

佐藤ふみよ

子供達の名演技力を見て、終始涙、涙の連発でした。戦後生まれの親の私にとって、子供があんなすばらしい場面をいろいろな面から勉強して、あれだけの演技をしてくれたのが胸を強くうちました。

平和だった家庭が戦争のため疎開し、別れ別れに暮らさなければならない所《ママ》から物語はじまった。

疎開する道中での誠一と五歳の娘茅乃の兄妹愛がとってもいじらしかった。

午前十一時二分、突然の原爆のため母、妻の緑の死がとってもかなしかった。この事態の中で奇跡的に生きのびた隆がせっせと被爆者の救護活動に精出している所《ママ》がなんともいえなかった。

被爆者の役をしてくれた四十数名の人達は、本を見たり、こんどの修学旅行で学んだものをしっかりと身につけあれだけ立派にできてほんとうに良かった。

緑がいなくなった家庭での暗い様子、祖母と子供の様子、ツモが火おこしなど使って炊事していた所《ママ》は感じがよくでていた。

父の帰りがおそく、むかえに出る場面で家に入ってから幕がしまるかなあと思っていたら回り舞台だったのでびっくりしました。

昌子が子供達をかばいきれず自分だけにげて助かった事、自分だけを責めるなと昌子に言いきかせるツモの様子、原爆を忘れないために誠一にやけどを見せる場面、とってもいたいたしかった。

それから隆は病床につき、自分の体の苦をこらえもうこれ以上戦争をしてはいけない事、長崎の被爆者達の様子や記録などを書き続けた。ゆっくり休みたかったろうに子供建を守るために頑張ったのでしょう。

最後の場面で母親もなく子供を残してこの世を去っていくのがとってもつらかったろう

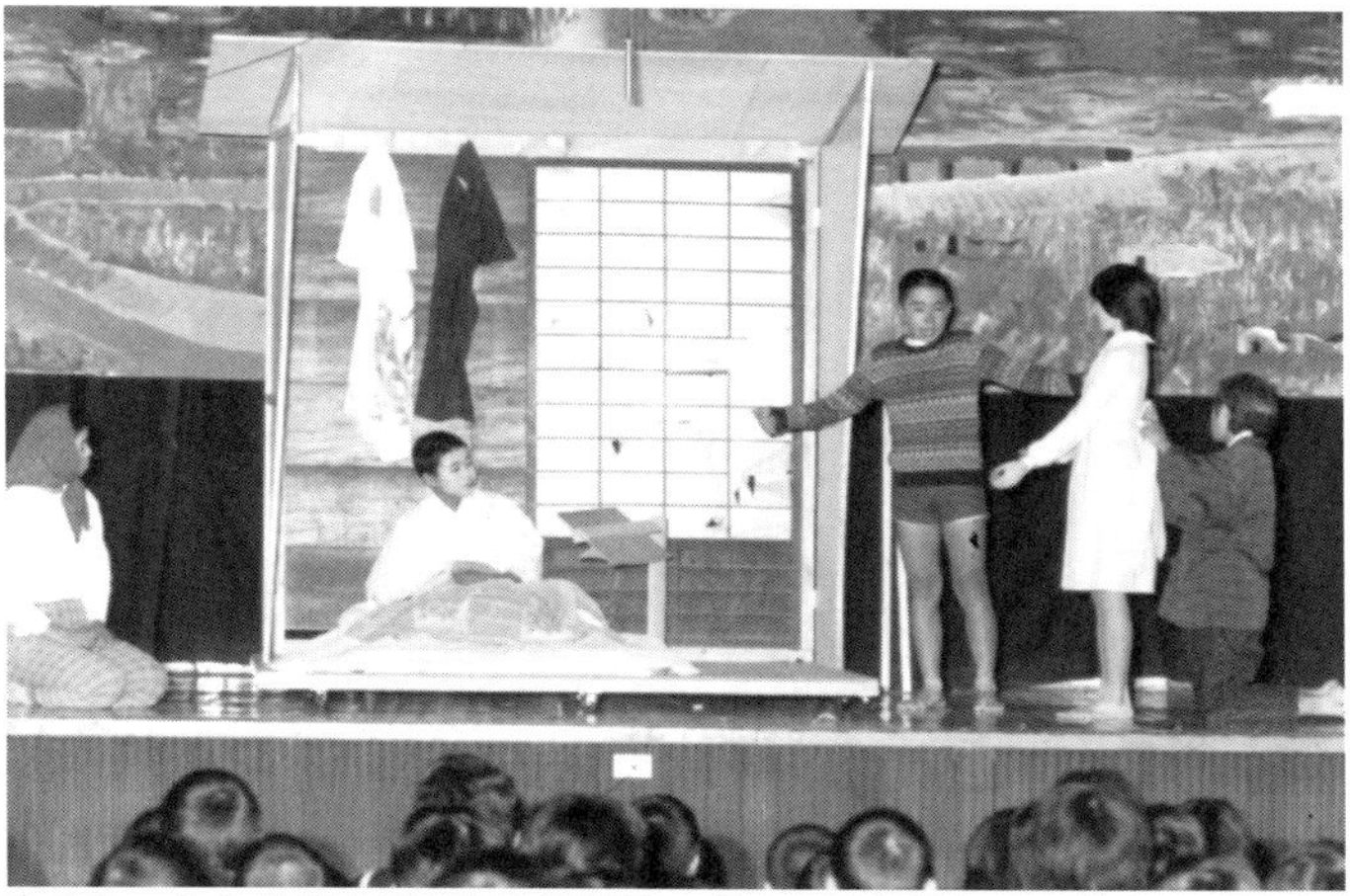

亡くなった永井博士の家族を演じる。(『この子を残して』錦中　1993年)

と思う。

一幕一幕立派に出来ていました。キャストもたいへんだったでしょうけど陰の力だった。スタッフの皆さんご苦労様でした。来年もこんな素晴らしい劇を見せて下さい。

翌年は非行をテーマに『ブリキの勲章』を劇化した。ふみよさんの長男浩臣は情熱の教師能重先生を熱演した。

この劇化の火つけ役となった内山聡子は博士の妻緑の役を、高浜みどりは母のツモの役を熱演し、カーテンコールではテーマソング「にんげんをかえせ」を涙ながらに歌った。

ちちをかえせ　ははをかえせ
としよりをかえせ

こどもをかえせ
わたしをかえせ　わたしにつながる
にんげんをかえせ

にんげんの　にんげんのよのあるかぎり
くずれぬへいわを
へいわをかえせ

原爆は〝降ってきた〟のか

この子らも早《はや》三十代の後半世代。まさに若い力の中軸だ。二泊三日の長崎修学旅行や「この子を残して」の劇化を通して学んだ原爆が強く心の底に残っているはずだ。

被爆地長崎の平和祈念像の前で核廃絶を訴えた〝中学生たち〟は、二十三年を経た今なお世界に二万発以上の核兵器が存在している現実をどう見、どう考えているのだろうか。

二〇一六年五月二十七日、現職大統領として初めて被爆地広島を訪れたバラク・オバマ氏の「原爆投下の瞬間を想像せずにはいられない。歴史を直視して、何をしなければならないかを自問する共通の責任がある」という演説をどう聞きどう考えたのだろうか。ところがテレビ放映に見入っていた私は聞き捨てならぬフレーズに出合って愕然とした。そのフレーズはこうだ。

「雲一つない晴れた朝、空から死が降ってきて世界は一変した」（傍点筆者）

私は彼ら中学生に「雷は落ちるが原爆は落ちたのではないよ。アメリカが意図的、計画的にねらいを定めて落としたのだよ」とくり返し〝落ちた〟と〝落とした〟のちがいを、国語の文法の授業（自動詞と他動詞の説明）で、原爆を語る平和授業で、長崎修学旅行先で口をすっぱくして語ってきた。そのことを思い出してくれた子らがきっといるはずだ。

〝落ちた〟という自然現象的表現からは、原爆投下の責任追及の姿勢は生まれない。〝落とした〟という言葉には、核廃絶への強い意志が表示されているのだ。オバマ演説は〝責任回避演説〟と言わざるを得ない。永井隆博士の平和への思いを逆なでした無神経なオバマ大統領のことばづかいを、「この子を残して」の子らはどう受け止めたのだろうか。

2 嘉代子の母になる

嘉代子の母・林津恵さんの話を聴く

四十年来の友人、末永浩さん（元中学教師・被爆教師の会会員）が沈痛な声で電話してきたのは今から二十九年も前の一九八八（昭和六十三）年四月下旬のことだった。

「上田さん、林津恵《つえ》さんがきのう（四月二十四日）とうとう亡くなられたよ。去年の十月だったかな、錦中学校の二年生が津恵さんの話ば聴いたとは。あんたたちが来たあん頃もだいぶ弱っとられたもんなあ。よう、あんとき中学生たちに一時間も話していただいたよなあ。遺言のような思いで語られんたんだろうなあ」

私は電話の声を聞きながら、前の年の夏休み、末永さんの案内でお宅を訪ねたときの津恵さんのことばを思い出していた。

「まあ、人吉の生徒さんたちのこのぼろやに来てくださっとですか。私の一人娘の嘉代子の話ば聞いてくださっとですか。ありがとうございます。秋まで命があれば喜んで話させていただきます」

「秋まで命があれば――」という津恵さんのことばがよみがえってきた。考えてみると、津恵さんの八十七年の生涯の最後の一瞬に私たちは貴重な出会いの機会を持ったのだった。

一九八七（昭和六十二）年、長崎市の歴史と平和を学ぶために錦中の修学旅行で四クラス百六十人の生徒を六つのコースに分けて、地図を頼りに歩き、見て、聞いて、考えるという「班別自主行動」に半日を充てた。そのためにはどうしても下調べが必要ということになり、生徒会担当の黒木一浩さんと平和教育担当の私とで下調べのため一泊二日の出張をしたのだった。黒木さんがぽつりと言った。

「末永先生に助言してもらってよかコースのでけたですね。生徒たちには『嘉代子桜』のことはもちろん、事前学習に力ば入れさせんばんですね。津恵さんには元気でおってほしかですね」

末永さんはかつて（一九八〇年）津恵さんを訪ね、苦難の日々を聞き書きしていた。その記録とともに死亡記事が載った長崎新聞（四月二十五日付）の切り抜きを送ってくれた。同紙は津恵さんの死を次のように報じている。

原爆で一人娘を失い、忘れ形見の「嘉代子桜」の寄贈者で知られる長崎市桜馬場の林津恵さんが、済生会病院で亡くなった。八十七歳。……津恵さんの一人娘・嘉代子さん（当時十五歳）は、爆心地からわずか五百メートルしか離れていない城山国民学校で学徒報国隊員として働いていて被爆、死亡した。津恵さんは二十二年、一人娘をしのび、形見として同小校庭に桜五十本を植えた。現在でも数本が大木に育ち毎年花をつけ、いつしか「嘉代子桜」として児童らに親しまれている。二年前の六十年には二世の「嘉代子桜」の苗木二十五本が植えられ、平和のシンボルともなっている。

津恵さんは一九六四（昭和三十九）年に夫とも死別、桜馬場の自宅に独り暮らしだったが、同市への修学旅行生らが津恵さん宅を訪れ、嘉代子さんの思い出や平和の尊さを聞いたり、テレビドキュメントや本にもなったりしている。同小校庭には「かよこ桜の碑」が一九六六（昭和四十一）年に建立されている。

生徒たちはあの日「ひざをくずしてゆっくりしてください。しびれますよ。さあ、どうぞ、ゆっくりしてください」と津恵さんからくり返し勧められても誰一人足をくずさず、正座のままで弱々しく聞き取りにくい津恵さんの一時間に及ぶ話に聴き入ったのだった。元気で明るくひょうきんな中村一《はじめ》は大きな目を見開き聴き入っていた。帰校後の国語の授業（修学旅行でもっとも心に残っていることを詩にする）で次のような詩を書いた。

嘉代子の母　　　中村　一

楽にしてください
お茶をどうぞ
かぼそい声でゆっくり語る嘉代子さんの母
やさしい心
美しい目
ひとつひとつ思い出してくれるお母さん
その目には涙
つらいことを話すとき、話が止まる
でも、声をつまらせて話しつづけるお母さん
嘉代子はあの朝「今日は行きとうなかよ」と
言いました。あのとき私が止めておけば……

長崎修学旅行で林津恵さんの体験に耳を傾ける。（林さん宅で　1997 年）

被爆した体
弱い体で
何でも話してくれる
嘉代子さんを殺し、お母さんを苦しめた原爆
戦争さえなかったら
家族といっしょに暮らせたのに
私は毎日「嘉代子ごめんね」とくり返しています
二度とあのような苦しみを味わわなくてよいように
私は嘉代子のことを話しつづけます
一時間も話してくれたお母さん
女子の目には涙が浮かんでいる
嘉代子桜班、二十九人のみんながシーンとしている
僕は八十六歳の嘉代子さんのお母さんを
じっと見つめていた

「嘉代子桜」の劇化

この「嘉代子桜」の存在を最初に教えてくれたのは末永さんだった。彼はまたこうも言った。

「上田さん、〝嘉代子ざくら〟という音楽構成詩のレコードの出とるばい。津恵さんの話ば聞いた生徒たちに聞かせてやったらどうな。よか事後学習になると思うよ」

私はさっそく、そのレコードを出している瑞浪《みずなみ》市民合唱団（岐阜）事務局の加藤美知代さんに連絡をとりレコードを購入した。加藤さんからはレコードのほかに構成詩の台本など各種資料もいただいた。レコードを聞き台本を読んでいるうちに、一か月後の文化祭での二年の学年劇でこの「嘉代子桜」をやりたいという思いがむくむくと湧き、下調べで、津恵さんに会っている唯一の学年メンバーの黒木さんにそのことを打診してみた。

「よかっじゃなかですか、ぼくは大賛成です。津恵さんの話ば聞いた生徒たちが燃ゆると思いますよ」

彼は一も二もなく賛成した。

黒木さんとは錦中勤務の七年間、ずっと同学年を歩いてきた。その七年間、子どもを真ん中にしての文化祭や修学旅行の取り組みで意気投合した。無口だが抜群の行動力、実直な人柄に私は惚れ込んでいた。だから彼の賛同を得たことは「嘉代子桜」をやりたいという私の思いに拍車をかけることになった。

私は修学旅行直後から練っていた台本構成を学年会に提案する前に、同じ学年に所属していた音楽教師高本真知子さんに瑞浪市民合唱団の楽譜を渡し協力を要請した。「六曲すべては時間的にむりですが、半分の三曲くらいならなんとかなります」という返事をもらい、ほっとしたものだ。演劇に取り組むたびに音楽教師の存在の重要性を痛感したものだ。この「嘉代子桜」のような合唱構成劇の場合はなおさらである。

合唱（「平和の花よ」「防空頭巾のうた」「嘉代子桜」）と群読と老母の語りと回想をナレーションでつなぐという構成を学年会に提案した。前年度、戦後四十年をテーマに『ガラスのうさぎ』を劇化した学年メンバーがほとんど残っていたので、比較的短時間に教師集団の意思統一ができた。

教師原案を生徒に提案するときはいつも苦労した。教師の「押しつけ」と生徒側が受け取った瞬間から、生徒は受け身となる。教師が敷いた路線を歩くのみとなる。これでは子ども主体の活動とはならない。文化祭担当（生徒会顧問）の黒木さんのことばを選んだ丁寧な説明は生徒たちに積極的に受け入れられた。「嘉代子桜コース」を歩いた生徒の中の数人は特に意欲的だった。

私はなりゆき上、台本作成担当となり、時間に追われつつ原案を執筆した。前に掲げた中村一の詩にもあるように、津恵さんの話を聞いた子どもたちは「嘉代子ごめんね。あのとき止めずにごめんね」ということばに心を打たれている。私はこの部分を山場にしようと考えた。戦争によって引き裂かれた親子、母親の愛の深さ、最愛の娘を奪われた母親の深い悲しみを観客に伝え、戦争・原爆の悲惨さを訴えたいと思ったからだ。

金山久代（現岩崎久代・あさぎり町上小学校教諭）は「嘉代子桜」（山本典人著・新日本出版社）に感動し「嘉代子桜コース」に入ることを熱望した。その彼女もまた、津恵さんの話に強い衝撃を受け「母の悲しみ」という次のような詩を書いた。

演じることで成長する

母の悲しみ
金山久代

つらい思い出を話してもらったお母さん
下を向き、目に涙を浮かべ
声は、ふるえながらも
力をこめて話したお母さん

こんなにしてまで
つらい体験を話さなければならないのか
原爆さえなければ
親子仲良く暮らせたのに――
原爆は嘉代子さんを返してくれない
原爆はお母さんの幸せを
返してくれない
原爆が残したのは悲しみだけだった

このような「嘉代子の母」の痛恨の思いを山場に台本を書き上げた。

書き上げたあとの私の担当はキャスト指導だった。本読みが終わったあとのキャストを決める会で老母津恵さんの役を決めるとき、久代の顔が浮き立って見えた。久代の意欲が伝わってきた。しかし彼女の性格からしても立候補してくるとは思えなかった。しばらく待ったあと、私は久代に目を向けた。久代がにこっとした。私はすぐさま「久代ちゃんどうや、やってみらんや」と問いかけた。久代が小さくうなずき、みんなからの大きな拍手を浴びたのだった。

久代は驚くほどの速さでせりふを覚えた。誰よりも多いせりふを一気に覚えた。彼女がもっとも苦労し悩んだのは、当然のことながら八十六歳の老女になりきることだった。私は「津恵さんの話を聞いたときのことを思い出せ」「おばあさんの悲しくつらいあの表情やしぐさ、涙を思い起こせ」とくり返した。そのことを久代は「八十六歳の私」という作文（十枚）に次のように書いている。

「嘉代子、嘉代子、ごめんね、ごめんね。あの時止めずに、ごめんね」
いつの間にか私は、自然と涙が出ていた。練習のときには、一度も涙が出なかったのに、でもこのときは、今まで以上におばあさんの気持ちがわかった。私はこの最後のセリフを言うときには、はずかしさが消えて、八十六歳の老母になりきった。セリフの終わった後も、幕が閉じてからも、涙は止まらなかった。（中略）
あのおばあさんの話された怒り、つらさ、悲しみ、くやしさなどを、どのように、みんなに伝えればよいのだろう。それは私の演技の一つ一つにかかっていた。
バック絵の桜を見るとき、嘉代子への思い出をかみしめるように、ゆっくりとふり向く。前を見て話すときは語りかけるように、訴えるように、観客一人ひとりの顔を見て話す。そのことで少しは伝わるのではないだろうかと思った。（後略）

心のこもらない表情や動きでは、老母の深い悲しみを演じることはできないと気づいたことに久代の成長を見た思いがした。

原作を読み返し、津恵さんの話を思い起こしながら、老母の心をつかみ老母になりきろうとしていた。修学旅行から文化祭につながる平和学習のなかで久代は大切なものを得たのだ。

午前の部を二年学年劇「嘉代子桜」で締めくくった。ステージの後始末をして、体育館を出たところで、私は一人の父親に語りかけられた。

「先生、お世辞抜きによかったですばい。不覚にも涙ばこぼしてしもうたです。まわりのお母さんたちも泣いて見とんなったですばい。それにしてもおばあちゃん役はみごとでした。声の出るまでは本当のおばあさんのごたったですもん」

私はこの父親の声を持って職員室に駆け込み、一緒に指導した学年の同僚たちに伝えた。他の学年の同僚からも「簡潔でみごたえがあった」「合唱も群読もキャストもそれぞれ持ち味を生かしてとてもよかった」と好評だった。

久代は長い作文の最後をこう結んでいる。


私はこの劇をしたことによって、今まで以上に戦争への怒りが強くなった。悲しみだけを残した戦争。今、私は嘉代子さんへの深い悲しみを強く感じることができるのが、とてもうれしい。かぼそい声で、ひ孫のような私たちに、ていねいに話してくださった八十六歳の嘉代子さんのお母さんのなんともいえない悲しい表情が今でも鮮やかに私の脳裏に浮かんでくる。

「嘉代子桜」を演じる

津恵さんは前述したように私たちが訪ねた半年後の四月二十四日に八十七歳の生涯を閉じられた。あれから三十年、小学教師となった久代は二人の子の母親でもある。戦争への足音が日に日に高くなっていく今を母親として教師としてどんな思いで生きているのだろうか。

津恵さんを紹介してくれた八十二歳の末永さんは昨年末で被爆遺跡案内が七百二十二回、被爆講話が一千四百三十七回を数える。そのさい、「嘉代子桜」にも欠かさず案内し、林津恵さんの悲痛な叫びを伝えつづけているという。

3 平和の灯をともしつづけて
――「アンネの日記」

〝平和〟をテーマに

1章の4で触れた〝四十二の瞳〟たちが三年になった。彼らは一年では「ああ、野麦峠」、二年になって「翼は心につけて」のスタッフとして三年生のキャストを支えてきた。そして、いよいよオールキャストの年を迎えたのである。私の胸中にもこの子らとやってみたい演目が、二、三本はあった。「アンネの日記」はその中の一つであった。しかし、教師の押しつけになるので、いっさい口外はせずにいた。

しかし、それは杞憂だった。演目についての班長会のアンケートに対して、じつに二十一人中十五人が「平和をテーマにしたもの」と答えたのだった。「相良北中平和教育年間計画」のもとに学校ぐるみ、地域ぐるみで平和教育を積み重ねてきたこと、道徳の授業で三か年、

アンネの隠れ家にゲシュタポが……。
（『アンネの日記』相良北中　1990年）

「愛・生命・平和」について語りつづけてきたことがこのアンケート結果につながったにちがいなかった。

班長会は学級総会に対して「アンネの日記」を提案した。その背景には、一年の国語授業の延長として「アンネの日記」の文庫本を全員が購入し読破していたことがあった。

しかし、男子の数人が反対した。「北中の演劇（の主人公）は女ばっかりじゃん。みねさんに、亜里さん、そして、こんだアンネじゃもね」と。私は男子のこの発言を聞いてひらめくものがあった。挙手をして発言を求めた。

「オットー・フランク（アンネの父親）を主人公にした劇にすることもできるのではないかな」話し合いの結果、全員一致でオットー・フランクを主人公とする「アンネの日記」と決まった。そして、その日から、「アンネの日記」との苦労と喜びの日々が始まったのだった。

火傷で長期入院していた音楽担当の坂本ケイさんは、「アンネの日記」に決まったことを聞いてたいへん喜び、映画「アンネの日記」（監督ジョージ・スチーズブンス、主演ミリー・パーキンス、一九五九年）のビデオを届けてくれた。まずそのビデオを事前学習として全校生徒に見せようということになり、各学年でそれを見せた。その後、生徒たちのひとくち感想をもとに全学年で授業し、なぜ、今「アンネの日記」の劇化なのかを考えさせた。

私はキャストとなる三年生に対して、「ヒトラーの民族差別の実態を知り、日本とのかかわり（日独伊の三国同盟）と結びつけて考える」という授業目標を立てて一時間の授業をした。アンネの死は日本と無関係ではないことを知った生徒たちは、「アンネの日記」の劇化に強い意欲を示した。

やがて、音楽室からテーマソングに決まった「愛の灯」の合唱が聞こえてくるようになった。

凍てつく北の台地を飾った一つの花／アンネあなたは今も生きている／私の心に／あなたのやさしさが／愛を呼び起こし／生きる希望の灯をともす／
あなたは台地を飾る花　（二番、三番略）

いい歌詞であり、メロディーだ。台本委員はこのテーマソングをどこに入れてくるのかななどと思いながら、その歌声に聞き入ったものだった。

さて、まず台本づくりである。そのようすを台本委員（四人）の一人、文化祭をリードした冨尾富美子（生徒会長）は「成功した『アンネの日記』」という長い作文の中でこうつづっている。

台本委員の私達にとって大変な日々だった。時間との戦いだったような気がする。休み時間や放課後などひまな時はいつでも台本作りに取り組んだ。「劇団民芸」のぶ厚い台本から場面を選び、コピーする。それを紙にはり、それからまた削ったり加えたりのくり返しだった。まだはじめの頃は何からしたらいいのか分からずあせってばかりいたのが、慣れてくるとおもしろいぐらいにどんどん出来上がっていった。しかし、余裕は決してなかった。学校だけでは間に合わないのでプリントをたくさん持って帰り、家で朝方までかかってのりづけしたり、場面を考えて書きこんだりした。今頃から台本を作っても間に合わないんじゃ……とか今年は演劇なしの文化祭になるかもしれないなあと思ったりもした。それでも毎日放課後の休み時間、自分なりに一生懸命台本作りに取り組んだ。時々友達から、「ねえ、台本どのくらいできた？　もうできたと？」などと聞かれたら、「うーん。ちょっとまってね。すぐでくっけん」と言うしかなくて早く、なるべく台本を仕上げたいとばかり思っていた。そして、やっと放課後遅くまでかかって台本を作り上げることができた。その時は、もしかしたら演劇がうまくいくかもしれないと思った。

この台本委員たちのねばり強いがんばりが学級を動かし、私を励ましたと言っても過言ではない。なお、台本使用の了解を得るため劇団民芸におそるおそる電話を入れると、「どうぞ、どうぞ、いい芝居にしてください」との励ましを受けて劇化へのはずみがついたのだった。

私にはずみをつけたものがもう一つある。溝口衛《まもる》教頭（技術）のひとことである。

「上田先生、私はですたい。今年『アンネの日記』に取り組むと三年生が決めたと知って、ひそかに喜んどったとですたい。じつは文部省のヨーロッパ研修旅行に行かせてもらったとき、アンネ一家の隠れ家ば見てきたとですよ。隠れ家の図面もまだ持っとったと思うし、頭にも残っとりますけん。隠れ家のセットば作ってみてはどうだろうかと思うとりますがどうでっしゅか。私ば大道具指導に振ってくれんですか。男子生徒十人くらいおればよかと思います。生徒の意見や知恵ば引き出しながらやりますけん。ちゃんと生徒ば真ん中にすえてやりますけん――」

溝口教頭は技術の授業で残った板切れなどを捨てずに取っておき、ペン立てや茶托などの小物を作っては私たち職員にプレゼントするような気配りの人であり、きわめて手先の器用な人であった。私は思わず、教頭の両手を握った。

「わっ、そらあ、すごか、ありがとうございます。よろしくお願いします」と応じたのだった。

老オットーの訴え

オットー・フランクを主人公に据えるという構成上、エピローグで老オットー（九十二歳）がアンネへの鎮魂を語る場面を設定した。この役には田畠英樹が選ばれた。

英樹は入学当初、学習面でやや遅れをとっている子であった。まずは基礎学力（読み、書き、計算力など）をつけねばという思いで家庭訪問にのぞんだ。母親の横に神妙に正座している英樹。母親がおもむろに口を開いた。

「先生、この子は親の口から言いにっかですが、ほんとうによか息子です。ばってん、勉強せんとが悩みの種です。いっちょん勉強しまっせん。暇さえあればまんがばっかり読んどっとです。字でん、ひらがなばっかりで書くし……。今のままじゃ、入る高校はどこもありまっせん。これぱかりが悩みの種です」

目にはうっすらと涙を浮かべ、深い溜め息をつく母親。私は〝まんがばっかり〟という言葉に注目し、すぐ聞き返した。

「漫画ばっかりですか。テレビは見ませんか」

「はい、テレビはしかと見らんですばい」

私は〝しめた〟と思った。〝テレビづけ〟でなく〝まんがづけ〟であるところに目をつけたのである。

「お母さん、任せてください。勉強を教えるのは私たち学校の仕事ですけん」

と言い放った。漫画好きから読書好きに方向転換させようと考えたのだ。ひとくさり、読書がいかに学力向上のきっかけになるかをぶったあと、英樹に語りかけた。

「英樹くん、明日から図書館の本ばどんどん勧めるけん、がんばって読んでみらんか。もちろん、漫画も好きなだけ読んでよかっぞ」

と語りかけた。英樹はかすかにうなずいた。

すると横から母親が口をはさんだ。「先生に紹介してもらえば買うてやります。私のへそくりで」と言う。(驚いたことに母親は、日を経ずして私が勧めた文学全集〈文庫本、全五十巻〉を買い与えた)

それからというもの、英樹と私との対話は、どこで会っても「本、読んどるか」「はい、今、○○ば読みよります」だった。英樹は母親のこの熱い思いに心動かされたのか、次々に読破し、二年の二学期ころには五十巻のほとんどを読み終えていた。それに伴って、学力(とくに国語)が目に見えて向上した。三年になったこの文化祭のころには、国語においては常に学級平均を上まわる力をつけていた。その英樹に私は言った。

「年老いたオットー・フランクがもし、この北中の演壇に立ったら観客にどんな訴えをするだろうか。その内容をこの五、六冊のアンネ・フランクに関する本をもとにまとめてみないか」

彼は「へえー、おれが」と言いながらも、まんざらでもないらしく、その日から一週間、級友たちが台本読みをしている間、その仕事に打ち込んだのである。

一週間後に原稿用紙四枚程度にまとめてきた。一読して、〝これはものになる〟と直感した私は「英樹、よう一人でがんばったね。ようまとまっとるぞ」と固い握手をかわした。

その文章を私は英樹と相談しながら推敲し、約半分にちぢめて次のようなオットー・フランクの訴えができあがった。

アンネの声が私の胸に

皆さん、私は『アンネの日記』を読んでくださった世界中の人々から、これまで数え切れないほどのお手紙をいただきました。『アンネの日記』を読み、戦争の悲惨さをわかっていただいたことは、『アンネの日記』が計り知れないほどの大きな影響を与えているという大きな証だと思います。『アンネの日記』の中には、どこにも人を憎んでいるところはありません。アンネは、どのようなことがあっても人間の善を信じていると書いています。戦争が終わったら、この世界と人類の平和のために働きたいとも書いています。しかし、不幸にして、アンネはその志を遂げることなく亡くなりました。奇跡的に生き残った私は、このアンネの志を自分の義務として受け継いで、これまで生きてきました。

先ほど述べましたように、私は、世界各国から実に何千通もの手紙を受け取りました。その中でなぜこのような悲惨な恐ろしいことが起こったのか、どうしても知りたいと問いかけてくるのは、戦争を知らない若い人たちでした。戦争を知らないということは、平和な世の中になった証拠で幸せなことなのです。しかし、我々ユダヤ人が受けた差別や残虐極まる非人間的行為は、いつまでも忘れることなく語り継いでほしと思います。私は、力のおよぶ限り、このことを語り続けるつもりです。

ところで、一九八〇年には、この球磨郡の多良木中学校の十四歳の少女、大石由美子さん（1章の5の三年三組のメンバーの一人　筆者注）からも、あたたかい手紙をいただきました。大石さんは、あさがおの種を入れてくれました。早速私の庭に植えました。夏にはきれいな花が咲きました。私はこうして、九十歳を越えるまで長生きしましたが、戦後は、私の愛する妻、優しい娘マルゴット、明るいアンネ、そして、私の多くの友人たちの悲惨な死を思う悲しい日々でした。もう二度とこのような辛く悲しい人生を送ることがないよう願っています。アンネの声が私の胸に又、聞こえてきます。

英樹は老オットーになりきろうと、国語の授業で学んだ表現読みや群読の練習で得た力を駆使して、ねばり強い練習をただ一人でくり返していた。杖を持つ手のふるえなど細かな演技にも気を配るという創意工夫をこらした練習を重ねて当日を迎えた。

幕が閉まる。拍手が鳴りわたる。その直後、スポットライトに包まれて、下手のフロアーを老オットーがゆっくり歩いてくる。いよいよ英樹の出番である。一時間あまり級友たちの演技をポケットで見つづけた英樹の出番である。観客からざわめきが起こる。幕前のフロアー中央に歩み出た老オットーへの照明。母親たちの手によってみごとに〝老人〟にメイクアップした英樹の顔に照明が強くあたる。ゆっくりと語り始める老オットー。杖を持つ手がこきざみにふるえている。計算されたみごとな演技だ。「熱演だった」「老オットーの演技で劇がひきしまった」というのが大方の感想だった。

アンネ・フランクを好演した福島春香は「アンネ・フランクを演じて」という作文の結びで、やりとげた喜びをこうつづっている。

老オットーを演じる英樹

二場、三場も、何とかクリアして、いよいよラストのシーン。今まで大きなミスはない。もう一息だ。ラストの山場は、ゲシュタポにかくれ家を発見され、およそ二年半にわたるかくれ家生活が終わる場面だ。キャストもスタッフも今までの中でもっとも緊張する。

「ドンドンドン。おーいあけろ！　あけるんだ」

ゲシュタボが荒々しく入ってくる。ピストルをつきつけられて住人がみんな手を上げる。そこで暗転。終わった……。

ホーッと一息ついた。緊張にしばられていた体から力がすうっと抜けていくような気がした。自分のできる限りのことはやった。かくれ家に住んでいた人達の中でただ一人生き残ったアンネの父、年老いたオットー役の田畠君の演技が終わり、スタッフもキャストも全員、ステージに上がり、テーマソングの「愛の灯」を歌う。声がつまって歌えない。いつのまにか涙が浮かんできている。（やっと終わった。もう二度とやってこない文化祭。もう不安や心配におびえながら、過ごさなくてもいいんだ。もう、劇が失敗する夢を見なくてもすむんだ。）そんな思いが心の中いっぱいに広がる。

歌も終わり、キャストやスタッフも、そのまま閉会式へと移る。ステージを出ると、とうとうがまんできなくなって涙がポロポロこぼれる。永椎さんも冨尾さんも泣いている。坂本先生が、「よう頑張ったねえ。よかったよー」とやさしく頭をなでてくださった。上田先生もうなずいて固い握手をしてくださった。緊張やプレッシャーが、もうなくなっていた。中学校生活の中で、この上ないよい思い出となった。

中村さんといっしょに化粧おとしに行った。ジャブジャブ洗った。水はとても冷たかった。顔をタオルでふいて目を開けると、目の前にくっきりと大きな虹がかかっていた。何だか渡れそうな気がした。

「ねえ、よしみちゃん、あれ虹やんか」

「あらあ……。えらいきれかねえ」

「何か月ぶりかなあ。虹、見たと……」

「ねえ、もしかして、神様からのプレゼントかもしれんねえ」

中学最後の文化祭の演劇が成功したあとでこんなにきれいな虹が見れるなんて、夢にも思わなかった。(何だか本当にアンネのたましいが、ごほうびにプレゼントしてくれた虹かもしれないな) という気がした。

私はそのきれいな虹を時を忘れて見つめていた。


練習期間が二週間と十分な時間がとれなかったために最高のできばえとは言えなかったが、保護者たちの反応はよかった。

●短期間でこんなすばらしい劇ができたのは先生と生徒の熱意があったからでしょう。感動しました。

●アンネがどんなに生きたかったろうかと思えば、戦争は絶対してはいけないと何度も何度も考えました。

●セットもよくできていて全員ががんばっていました。三年生も役者になりきっていました。動作がむずかしいのによくやっていました。最後の老オットーのことばも印象的でした。学校全体で創りあげる感動、いつまでも子どもたちの心に残ってほしいと思いました。

中学生の劇とは思えない高度なすばらしいものでした。もっと多くの人に見てもらいたかった。

アンネ・フランクは一九四五年三月上旬、ベルゲンベルゼン収容所で流行したチフスにかかりローソクの灯が消えるように亡くなった。満十五歳。私が三年間担任し、〝四十二の瞳たち〟と呼んだこの子らも十五歳。「嘉代子桜」の嘉代子もアンネと同年の十五歳で米軍による原爆のため殺された。

嘉代子は「先生になりたい。先生になって、好きな音楽や算数や図画などを、子どもたちに教えたい」という夢を持っていた。アンネ・フランクは「ジャーナリストか、作家になりたい」と思っていた。戦争はこの二人の少女の夢を無惨にも打ち砕いてしまったのである。

4 「ぞう列車」で平和をかみしめる

最後の文化祭

一九九七（平成九）年十一月二十三日は、私にとって教職最後の文化祭の日だった。

勤務校は人吉二中。その年の春、それまで一、二、三年と同じ学年をともに歩き、また同じ一年担当として新入生を迎えた体育担当で剣道部顧問の那須純生《すみお》さんが学年の滑り出しの会（飲み会）で言った。

「今年は上田先生の最後の年です。思いっきりやってもらいまっしょ。特に文化祭ばですねえ。もちろんぼくもがんりますよ」

私はそれを定年退職する私へのやさしい〝励まし〟と受け止め、その気になって演目探しを始めた。夏休みに入ったある日、ふと相良北中でやった合唱構成劇「ぞう列車がやってきった。

た」を思い出した。

この合唱構成劇にはちびっこ(保育園児、小学生)と大人の合唱がどうしても必要になる。

一九九二(平成四)年に北中でやったときも校区の小学校(北小、野原小)、保育園(あざみ)、PTAの全面的な協力を得て大成功したのを思い出した。まさに北校区あげての取り組みだった。

戦時中、猛獣などたくさんの動物が毒殺、銃殺などで犠牲になった。全国で四百頭いた象も、生き残ったのは東山動物園(名古屋)の二頭だけだった。その背景には北王英一園長(一九九三年没、享年九十三)の「この象だけは守る」という命懸けのたたかいがあった。

戦後、この二頭の象マカニーとエルドに会いたいという子どもたちの熱い思いが大人たちを動かし、東京はじめ全国各地の小、中学生たちが列車に乗って東山動物園へ向かった。当時の小、中学生にとって二頭の象は平和のシンボルであり、生きる力だったのだ。

この年、合唱指導力抜群の音楽教師黒木紀久子さんが一年学年所属になった。彼女がその気になれば五年前の北中に匹敵する演劇ができると思い、そっと楽譜を渡し、

「まだ学年会には内緒ばってん、家で弾いてみてくれんね」と頼んだ。十日ほどたったころ、黒木さんが笑顔で言った。

「あれ、弾いてみました。文化祭でやりたかですね」

このひとことで私の思いはかたまった。

学年会では若手教師のリーダー格・那須さんのリードもあって全会一致で決まり、あとは生徒に〝押しつけ〟でない形でどう提案するかだった。その役を黒木さんが買って出た。

「じゃあ、今から生徒たちに押しつけと受け取られないよう注意しながら説明してきます」

そう言って黒木さんは笑顔で文化祭実行委員（各学級四人の二十八人）の生徒たちが待つ放課後の会議室に向かった。

小一時間ののち黒木さんが両手で大きなマルをつくって帰ってきた。

「上田先生、マルです。子どもたちは話の内容をよく理解してくれましたよ」

合格通知を待つような思いで待っていた私は内心ホッとしながら、どのような説明をしたのかと問うと、

「入学後から積み重ねてきた平和、人権学習の延長線上の内容だということ、命の尊さや平和への思いをミュージカルで表現しようという合唱構成劇だということを説明したら、子どもたちの目が輝きましたよ。特に女生徒の目が。ぞうの場面は影絵で表現することもつけ加えました」

「そうかあ。生徒たちが受け入れたか。紀久ちゃんの情熱が伝わったんだな。さすが紀久ちゃん！」とハイタッチをしたのを思い出す。

地域を巻き込んで

生徒実行委員会の決定を受け、十二人の学年職員が仕事を分担し、ぞう列車という「平和のレール」を生徒たちと敷くために走りだした。

私の背中を押した那須さんは文化祭の時期が恒例の剣道大会と重なることもあって、この年も展示の部の指導にまわった。展示のテーマを「戦時中の動物園」と決め、試合で熊本に出た機会を利用して部員（全員、展示担当）とともにテープレコーダーを持って水前寺動物園の園長にインタビューを申し入れ、戦時中の猛獣処分の実態などを取材し展示教室でビデオ放映した。また、象の一日の食事量を示すため各家庭から集めた新聞、雑誌類を重ね、その量のぼう大さをひと目でわかるよう工夫した展示もした。この展示が「ぞう列車がやってきた」の内容理解に役立ったのはいうまでもない。学年会で「もちろんぼくもがんばりますよ」と宣言したことを行動で示した那須さんのことも忘れることができない。

そして文化祭当日、午後の部のプログラム一番。昼食もそこそこに体育館に走る。すでに保育園児も小学生も各園、各校の先生たちの引率のもと各校ごとにフロアに腰をおろしている。ふと脇を見ると大人の合唱の部で出演する学年ＰＴＡのお父さん、お母さんたちがすでに並んで和やかに談笑している。

仕事を終えてからの夜の合唱練習をはじめ　衣装協力、メイクなど学年ＰＴＡの皆さんの支えなしには今日の日は迎えられなかったのだと感謝の思いが胸に込みあげてくる。観客も午前に比べて倍近くに増えている。

ステージに上がると、スクリーンの裏で影絵指導の教師による最後のミーティングが行われている最中だった。前日のリハーサルのできぐあい、そしてこの出番直前の雰囲気から見てもきっと成功するという確信のようなものがわいてきた。

いよいよ開幕だ。合唱、演劇、影絵、音響、照明などそれぞれの持ち場についた。担当教師もぴったり寄り添って緊張の表情だ。

子どもたちは前日のリハーサル以上に落ち着いて伸び伸びと楽しそうに演じている。子どもの無限の可能性に感じ入りつつステージを見つめる。そしてフィナーレ。総勢五百人がステージに立った。中学生全員の二百七十人、保護者六十人、校区の小学生（中原、西瀬、西）五十人、保育園児（こばと、ひまわり、善隣）が七十人。まさに地域ぐるみの取り組みだった。

閉会式での宮川勝之校長の「講評」を胸熱く聞いた。

「（出演は）一年生二百七十人全員、さらに小学生、保育園、保護者の皆さんを合わせると五百人だったと思います。大スペクタルでした。圧倒されました。地域を巻き込んだ感動的な合唱構成劇でした」

校長はキャストのみならずスクリーンに大型のベニヤ板の象がくっきりと映り、見事な象の演技の影絵班をはじめ各スタッフのがんばりをたたえ、「支え合っているその姿にも感動しました」と述べて講評を終えた。

影絵を持ちつづけたおとなしくひっこみ思案の政夫の詩も私の心に強く残っている。

重たい象　　　　一年　牟田　政夫

ぐいっと
持ち上げるベニヤの象
鼻としっぽを動かす
ふらつかないように
地面から上げすぎないように
象を持ち上げる
象の気持ちになってゆっくり動かす
ゆっくり、ノッシノッシと歩く

影絵の場面がやっと終わる
重たい象をまだ持っている気がした

地域・保護者・学校総ぐるみの大スペクタクル

さらにもう一人。園長役を引き受けた菖蒲明宏の十枚に及ぶ作文を中略つきながら紹介したい。園長役は大人っぽさが要求される。背も高く大人の雰囲気を持っていた明宏の園長役は衆目の一致するところだった。「しょうがなく引き受けた」明宏の演劇への取り組みのようすがじつにリアルに描かれている。

　三回の推敲指導で二枚から十枚へとふくらませたのは新卒四年目の同僚教師一二三《ひふみ》真由美さんだ。彼女は私とともにキャスト指導担当だったが、〝教師の考えを押しつけず、子ども自身の力を引き出す〟という演技指導の体験を生かして、明宏の書く意欲をうまく引き出している。

授業の帰りに明宏に出会ったので、「菖蒲くん、作文ば読んだぞ。ようがんばって書いたね。よか作文になっとる」と声をかけると「はい」と笑顔で答えた。その顔は、自分の力で書き上げたんだという喜びに満ちていた。彼の作文の中のことばを使って、

「うっとうしくてすまんだったね」と皮肉ると、

「わっはっはっはっ」

と快活な笑い声を残して走り去っていった。題名も「園長役」で書き始めたそうだが、最後に自分で決めた題名は「自分への挑戦」だったという。次の作文を読むと彼のその思いが伝わってくる。

自分への挑戦

一年　菖蒲明宏

（前略）（担任の矢野先生から）「菖蒲、劇の主役ばしてみらんや。先生は、お前しかおらんと思う。」

と言われ、（えっ、うそ。なんでオレ。いやだな。）と思った。ぼくは、

「主役はソロがあるんですよね。ぼくは歌は苦手だからちょっと」

と言った。できるなら自分じゃなくて他の人にやってもらいたかったからである。しかし、

先生は、

「もう他の先生にも言ったし、お前だったら絶対できる。」

と言われた。目も真剣だったから、もう断る訳にもいかないなと思って、しょうがなく、

「わかりました。」

と引き受けた。でも、（オレに主役が本当に出来るかな。）という気持ちでいっぱいだった。

一番初め、学年集会で劇をすると聞いた時（オレには関係ないな）と思った。文化祭の役割分担の時ぼくは（絶対合唱になる）と心に決めていた。なぜかというと合唱は人数がいっぱいいるし、声を出さなくてもばれないからだ。役割決めの希望調査にも迷わず合唱の記号を書いていた。（中略）

「お前だったら出来る。」という言葉を思い出して、二回目に、

「主役の園長になりたい人。」と言われた時、思い切って、

「はい。」と手を挙げた。周りのみんなは、少し驚いた感じでぼくを見ていた。

いよいよ文化祭の二週間前になると、本格的な練習が始まった。一番初めにやったのが台本配り、その次にセリフ読みをした。読んだ後、キャスト担当の上田先生に、

「園長、ちょっと来い。」と言われて行ってみた。上田先生が、

「台本を見ていいから読んでみろ。」と言われた。ぼくは言われた通り教科書を読むように

読んだら、上田先生は、ぼくの前で、読んでいる途中、たまにうでを組み、けわしい表情で見るから、ぼくは、相手は先生一人なのに緊張した。終わった後、先生は、

「今度から表情とか入れて来い。」

と言われた。その日の放課後、練習が終わり急いで帰ろうとしている時、上田先生に、

「園長、お前はちょっと残れ。」

と呼び戻されこう言われた。

「セリフを覚えんと、園長だけ残して個別練習をするぞ。二日後にテストするからちゃんと覚えてこい。あと動きも自分で考えてこい。」

と言われて、ぼくは、

「はい。」としか答えられなかった。なぜなら上田先生と、もし二人で練習したらとても厳しい指導とかされそうだったからである。それから、家に急いで帰り、早速台本を手に持ち何回もくり返して読んだ。まだ読み方は棒読みだけど、だいたい最後まで言えるようになった。（中略）

次の日もまた、上田先生に聞いてもらいだいたい合格した。しかし合格した時、上田先生は、

「もうちょっと表情の動きば考えてこい。」

と言われた。セリフはほぼ完ぺきで次は『表情』『動作』の練習、これが今までの中で一番難しい所で、ぼくの歩き方など、まだ堂々としていなくて子供っぽかったので、「手をちゃんと振ってもっと大人っぽく。もう一回。」という言葉を何回も言われた。（中略）

そして、とうとう文化祭当日、一年生は後半からだったので、途中の昼食時間の時にステージの横にある空き室で、今までやったことを頭の中で整理した。本番までの時間がだんだん短くなっていく。それと同時にぼくの緊張は頂点に達していった。本番前一分の頃、みんなで気合いを入れた。本番スタート。一の場面が始まった。その時ぼくは、ステージの後ろの方にあるスクリーンの後ろで歩き方やセリフの最終チェックをした。

三の場面は、ぼくの、「すばらしい、実にすばらしい。」というセリフから始まった。周りを見渡してみると、照明のまぶしい光で、前は何も見えない状態だった。ぼくは、（これならいける。うまくいくぞ）と緊張が体からぬける感じがした。その後の五の場面（小学生や中学生が動物園に来てはしゃいでいる所）六の場面（ナレーターが話す所）もうまくいき、いよいよ山場である七の場面。ここが完ぺきに出来れば、この劇はほぼ成功といってもいい位だ。セリフも歌もちゃんと出来た。（やった、これでもうほとんど成功だな）と思った。しかし、たった一つミスがあった。それは、あんなに注意され動作変更をした、

「象は私たちの夢だ。」

の所だった。観客の人は気付いていなかったが、とても悔しかった。

本番を終えて、ぼくが一番に思ったことは、最初は自分がこんなにうまく出来るとは思わなかったけど、やっているとだんだん楽しくなってきたし、最後ちょっと間違えたけど、自分では百点満点をやれるということだ。職員室にメイクを落としに行く途中、矢野先生に、

「菖蒲、よかったぞ。」

と笑って声をかけられた時は、とてもうれしく（やってよかったなあ）と思った。上田先生にとってはたぶんこれが最後の文化祭指導だと思う。ずっとうっとうしく、うるさいと思っていたけど、上田先生のあの指導がなければあそこまでうまくいかなかったと思う。

矢野先生には主役の抜てきに感謝している。その他にお世話になった先生方、今回ぼくは、いろんなことを得た。これからもこの経験をいかし、いろんなことに役立てていきたいと思う。

とやってくるにちがいない。すべてを忘れ去られても、なおそのあとに〝残るもの〟、それが〝本当の教育〟というものかもしれない。

二年後、この子どもたちの卒業式に臨んだ日の夕刻、保護者会主催の「卒業祝賀会」に招かれた。冒頭の挨拶の中で校長は、「今夜は、一年のときの学年主任だった上田先生が『ぞう列車』に乗ってやってこられました」と紹介。恐縮しつつもうれしい思いをした。

この夜、保護者の皆さんとも、〝平和のレール〟をつくった子どもたちの話に花が咲いた。高校に入ったら、演劇部に入りたいと言っている子どもの話も耳にすることができた。

今、こうしてペンを執っていると「ぞう列車よ走れ」のリズミカルな曲が聞こえ、その曲に乗って歌っている保育園児、小中学生、保護者、二中の同僚たちの笑顔が浮かんでくる。

5 ぬちどぅ宝

①人吉球磨初の沖縄修学旅行

沖縄学習八つの視点

壕の中

愛甲胤雄《つぐお》

水滴が落ちる壕の中
僕は十歳
お父さんも

お母さんも
おじいちゃんも
おばあちゃんも
お兄ちゃんも
爆弾で死んでしまった
僕はこの一週間何も食べていない
もう死にそうだ
僕の周りには
負傷した兵隊
看病する女子生徒
沖縄の住民たちが
ぞろぞろと奥へ奥へ進んでいく
後ろから押されて
ごつごつとした岩に頭をぶつける
暑さでがまんできない暗闇
奥を見ても

戦争はまだ終わらない
壕の外では砲弾の音がたえず聞こえてくる
「戦争はいつになったら終わるのか」

「早く外へ出たい！」

「外の空気が吸いたい！」

「きれいな水が飲みたい！」

「緑をみたい！」

「光をあびたい！」

暗闇から人々のさけび声が聞こえてくる

教職定年まで残り五年となった一九九三（平成五）年、相良北中六年目は二年副担任としてスタートした。担任は私より一回り以上若い音楽教師の松岡泰子さんである。副担任の私は〝若手教師を徹底して支えることだ、出しゃばらず、出しゃばらず〟と自らに言い聞かせて出発しておきながら、

「泰子さん、どうだろうか、修学旅行先のアンケートに広島、長崎に加えて沖縄ば入れてPTAに提案してみたら？　旅行先をどこにするかから考えることは、生徒や保護者の修学旅

行への関心を高めるためにも効果的と思うよ」

とさっそく出しゃばってしまった。ところが、彼女からも、

「わっ、賛成、大賛成です。旅行先での見学地のポイントなどを紹介したアンケート用紙を作ってみますね」と返ってきた。

アンケート集計の結果は沖縄、長崎、広島の順。十七人中十四人の絶対多数。保護者も生徒とほぼ同じ傾向だった。この時点では事前学習を十分にやっているわけではないので、生徒の希望は〝飛行機に乗って遠い沖縄に行きたい〟という単純なものだったと思う。保護者も「子どもたちの思いをかなえてやろう。めったに行けないところだから」と学級ＰＴＡ総会で決定。その決定を職員会議も受け入れ、人吉球磨初の沖縄修学旅行が実現した。松岡さんと二人で練り上げた次のような「沖縄学習八つの視点」をもとに全職員の協力を得て、まず事前学習の徹底を図った。
①青い空、青い海に囲まれた沖縄は、多くの緑の島々で成り立っている多島県である。しかし、この「青い海」が工業化や赤土流出による汚染で珊瑚礁や魚介類へ打撃を与えている。
②日本最南端に位置する日本で唯一の亜熱帯地域である。沖縄のみに生息する動物や、沖縄独特の植物が群生する。
③南北の文化が交わる位置にあるため、昔から交易が盛んで、日本全土、中国大陸、東南

アジア、インドなどと交易していた。その結果、沖縄独特の文化が発達した。
④沖縄は、かつて、独立した琉球王国だった。それが沖縄住民の意思を無視して（薩摩島津藩の侵略を受け）日本国の一部として組み込まれた。このような近世の沖縄の歴史を学ぶことは、日本の歴史（近・現代史）をより深く、正しく認識することにつながる。
⑤太平洋戦争で住民を巻き込み、地上戦を経験した唯一の県である。沖縄県民の戦没者は住民、軍人、軍属を入れて十五万人、県外出身の日本将兵六万六千人を含めると二十一万六千人、うち住民の死者は九万四千人を数える。（「ひめゆりの壕」の生き残りであり、『わたしのひめゆり戦記』の著者宮良ルリ先生から当時の悲惨な体験談を聞く。）
⑥戦後二十七年間もアメリカ軍の支配下にあった県であり、祖国復帰した今もなお、日本の基地の七五％が沖縄に集中している。〝基地の中に沖縄がある〟といわれるゆえんである。（「普天間基地」「嘉手納基地」で、平和ガイドの説明を聞く。）
⑦「沖縄」に関する本（小説、手記、歌集、詩集など）を一冊以上読了する。
⑧苦難の闘いを越えてたくましく明るく生きてきたウチナンチュウの心を体で学び取る。
松岡さんは修学旅行のテーマソング「ぬちどぅ宝」（丸木政臣作詞・猶原和子作曲）と「芭蕉布」「安里屋《あさとや》ユンタ」「ゆうなの花」「てぃんさぐの花」など沖縄民謡の指導。副担任の私（国

語科）は丸木政臣著『歌集　沖縄』（星林社）の中から三十首を選んでの短歌の授業。たとえば次のような作品だ。

●南風原《はえばる》の病院跡に雨しとど赤茶けし骨小石に混《まじ》る（南風原）
●一家全滅の悲しき墓碑に雑草《あらくさ》をわけて小さき野の花を置く（島尻をゆく）
●白旗の少女がひそみし洞窟はそのあたりかも摩文仁《まぶに》の崖下（摩文仁の丘）
●「ウジが　指がかゆい」といふ兵は両腕切断で　両手がないのに、と（ひめゆり部隊）
●盛り土の大き墓より「命どぅ宝ぞ」の声きこゆる如く（魂魄の塔）
●この壕はアブチラガマぞ闇のなか岩からしたたる水滴を聴く（アブチラガマ〈糸数壕〉）
●このガマに死せし八十二人　多くは女子供なりしと（チビチリガマ）
●静かなる空気つんざき米軍機　五機六機と雲間に消ゆる（基地）

さらに社会科（歴史、地理、文化など）や理科（自然、動植物など）でも事前指導をやってもらった。特にテーマソング「ぬちどぅ宝」は歌詞を味わいつつ旅行先の節々でアコーディオン持参の引率の松岡さんの伴奏でくり返し合唱した。圧巻は担任の松岡さんが夏休みをフルに使って指導したB５判百二十ページの「しおり」だった。学校図書館のものはもちろん、私たち教師が持っている沖縄関係の図書や資料も活用し各班ごとに分担してまとめあげた。

琉球新報の取材を受ける

生徒たちは十月、この分厚い「しおり」を携えて沖縄入りした。南風原病院壕、アブチラガマ（糸数壕）、韓国人慰霊塔、魂魄の塔、ひめゆりの塔などを巡ってホテルに着くと地元紙『琉球新報』の若い記者がカメラを構えて待っていてびっくり。沖縄の映画運動の仲間に旅行日程の中に戦時中、相良村に疎開していた家族と生徒たちとの対面もあることを伝えておいたら、その対面の内容に注目した宮城直久（消防署職員）、隆子（幼稚園教諭）さん夫妻らが特別に取材を頼んでくれたのだという。

取材の目的は一九四四（昭和十九）年十月に宮古島から母親とともに熊本県相良村四浦に疎開していた吉さん姉妹と疎開地の孫世代の生徒との〝対面〟だった。翌日の夕刊に六段抜きで報道されて二度びっくり。

二行にわたる大見出しは「皆さんのおばあちゃんらにお世話に……」。疎開地の子と感激の対面でサブタイトルが「熊本の中学生十七人が来県　祖父の手紙携え」。

本文は「四十九年前の戦時中、家族疎開で世話になった熊本県南部の相良村四浦《ようら》へ恩返しを、と同地の相良北中学校（坂本俊昭校長）へ手紙を書いたりパインを贈ったりしていた県内の女性が五日修学旅行で沖縄を訪れた同中学校二年生十七人と感激の対面を果たした。疎開一家は下地出身の早川（旧姓下地）昭子さん（八〇）＝那覇市安里＝と、その長女の賢子《よしこ》さん（六〇）＝西原町幸地＝、三女の城田幸子さん（五五）＝浦添市安波茶。（中略）早川さんら一家は一九四四年（昭和十九年）九月、平良市で疎開船に乗り込んだ。対馬丸沈没直後で航海は慎重を極め、約一か月の過酷な船旅の末、九州に到着したという。四浦では疎開船で体力が衰弱し幼い娘二人が亡くなるという不幸もあったが、人々からは手厚いもてなしを受けていたという。『銀飯（ごはん）、麦踏み、お茶摘み、田植え……。四浦は楽しかった。村の人からはすごく大事にされた。その親切は忘れない』と三人は語る。」（後略）

吉さん姉妹から相良北小と北中宛てに大量のパインが届いたのは一九八八（昭和六十三）年。私が北中に赴任した年だった。各家庭から柿を集め、生徒一人ひとりのお礼の手紙を送ったおり、「私も縁故疎開で四浦小学校に通いました」という手紙を同封したのがきっかけで、沖縄を訪れるたびに会い、当時を語り合う仲となっていた。吉さんは六年生、妹の幸子さんは一年生で私と同学年だった。

その吉さんから私への手紙を吉さんの了解を得てワープロで打ち、事前学習の教材にした。疎開時代の吉さん母子の苦悩を読みとり沖縄戦の一端を知るきっかけにした。たとえば、次の文章からはその悲惨が伝わってくる。

二十一年二月、四浦で病死した二歳と四歳の妹をへらして宮古島に帰りました。港から見た街は焼野原でした。幸い父も元気で、親戚にも戦争でなくなったものは一人もいませんでした。沖縄県民でありながら、つらい目にあわずにすんだことにうしろめたい、申し訳ない気持ちになることはたびたびです。

帰校して数日後、「しおり」を紹介した六段抜きの記事が載った『琉球新報』が学校あてに届いた。およそ次のような内容だ。大見出しは「昔、激しい戦闘があったことを知った」。サブ見出しは「修学旅行で来県中の相良北中（熊本）事前学習で〝沖縄ブック〟制作」とあり、本文は「（前略）しおりは琉球民謡などを収めた歌集を含むB５判の三冊。うちメーンの一冊は百二十ページ余りに及び、内容は沖縄の地理や気候、自然、歴史や文化、沖縄戦と基地問題、復帰、環境問題など多岐にわたる沖縄総合ガイドとなっている。一学年二十人足らずのミニ校が短期間で取り組んだものとは思えない充実ぶりだ。生徒たちが考えたしおりのテーマは『今　学び　考え　ひろめる　沖縄』（中略）学級長の愛甲胤雄くんは『沖縄には青い海やサンゴというイメージしかなかったが、学習活動で昔激しい戦闘があったことを知った。壕の中の暑苦しさがすごかった。空港を出てすぐ大きな基地があるのでびっくりした』と沖縄の印象を話していた」。

この記者の取材に応じた愛甲胤雄が帰校後取り組んだ〝修学旅行の感動を詩に〟という国語の授業で書いたのが冒頭の詩「壕の中」だ。この胤雄をはじめ十七人中十五人が「壕」をテーマにした詩を書いた。二つの壕（アブチラガマ〈糸数壕〉、チビチリガマ）に入っての〝壕体験〟がいかに衝撃的だったかがわかる。まさに〝百聞は一見にしかず〟だ。

この記事が載ったあと、沖縄県立図書館長名で「しおり」を七冊寄贈してほしいという要請の文書が学校あてに届いた。その七冊の内訳は本館三冊（保存用一冊、閲覧用一冊、貸出用一冊）、宮古分館二冊（閲覧用、貸出用）、八重山分館二冊とあった。「余分に印刷しておいてよかったね」と松岡さんと胸をなでおろしたのを思い出す。

沖縄修学旅行で学んだもの

二泊三日の旅で子どもたちが学んだものは大きい。ひめゆり平和祈念資料館の展示を食い入るように見入り、元ひめゆり学徒の宮良ルリ先生の講話に聴き入る。そして「安保の見える丘」で離着陸する米軍機を見つめる。それらの目は松岡さんの夏休み返上しての事前指導と、子らのがんばりによるものだったと思う。この「しおり」や全員詩集、沖縄民謡集を含む歌集は今も大切に保存している。
全員詩集の中から基地を描いた詩、一日目の夜の平和講話を取り上げた詩、平和祈念の集いを行ったチビチリガマとアブチラガマでの詩を紹介しておきたい。

嘉手納《かでな》基地　　北村裕之

「みなさん、ここが嘉手納基地です
双眼鏡を持ってきた人は見てください」
十数機の戦闘機が
シェルターの前に並んでいた
横を戦闘機が通るだけでとてもうるさい

毎日のようにおこなわれる訓練
沖縄から米軍基地がなくならないかぎり
平和はこない

講話

坂田彩香

「私はひめゆり部隊として、戦場に行きました」
一日目の夜
宮良《みやら》ルリ先生の話を聞いた
「グチュグチュと肉をついばむ
ウジの音が聞こえました
壕のはしごが
パッと白い花が咲いたように
白く光っていました
よく見るとそれはウジなのです」
宮良先生は大きな声で
一所懸命話されている
私もメモをとるのが忙しい
体全体で宮良先生の話を聞く

「みなさんは本当のことを見抜ける
判断力のつく人になってください。
決してだまされてはいけませんよ」
「若いあなたたちが
これから語り部になってくださいね」

私はもう一度宮良先生を見つめた
胸が熱くなった

チビチリガマ

中村咲月

集団自決があった壕
形がくずれているメガネのふち
泥だらけの軍靴
半分土に埋まっているビンのかけら

さびてゆがんだカン詰のから
次々に懐中電灯に
浮かび上がってくる
赤茶けた人骨
誰のものかもわからない

その赤茶けた骨が
「戦争は二度とするなよ
絶対にするなよ」
と私に語りかけてくる

『一分間』　　樅木　誠

「一分間、黙禱」
懐中電灯を消し、目を閉じた
水が落ちる音がする

沖縄修学旅行で沖縄地上戦の現地・チビチリガマに入る。

線香のにおいだけが
真っ暗な壕に広がる
一人で立っているようだ
二百人もの負傷兵が
半年もかくれていたとは
早くここから出たい
太陽の光をあびたい
ふと目を開けた
真っ暗の中
水が落ちる音だけが聞こえる
まるで人々の涙のように
まだ、一分間はおわらなかった

「旅の終わりが旅の始まり」。これは敬愛する作家、早乙女勝元先生のことばである。修学旅行を引率するたびにこの言葉をかみしめつつ事後指導に力を注いできた。この詩の指導もその一環であるが、散文指導にも発展させたいと思っていた私は、ある日の国語の授

ガマの中で平和ガイドの説明を聞く。

業でこう呼びかけた。

「あなたたちが決めた旅行テーマは『今、学び考えひろめる旅』だったよね。学び考えたことを『人吉新聞』に投稿して人吉球磨全域に伝えようではないか。そのために、班ごとにテーマを決め、そのテーマのもとに一本の作文をみんなでまとめるという集団作成はどうだ」

「うん、そらあ、おもしか《おもしろい》。おどま感想や意見ばいうけん、そっば班長がまとめ、また、それにおどんが意見言えばよか作文のでくっぞ《できるぞ》。集団作成はよか方法ばい」

と、男子の数人が冷やかしぎみに乗ってきた。

各班のテーマは「二つのガマに入る」「宮良先生の話」「平和祈念学習会」「基地の中の沖縄」「沖縄に感謝する」であった。次の「基地の中の沖縄」がその中の一つである。

基地の中の沖縄

まとめ・嶋崎文美

「皆さんが、今降りた那覇空港は、自衛隊が三分の二を使用しています。だからとっても危険な空港となっています。」

空港に着いてすぐ「ひめゆりの塔」などの見学に向かうバスの中でのガイドの浦崎メリーさんのお話である。沖縄には、日本全土の七五％の基地が集中していて、沖縄島全体の約二〇％の土地を使っているそうだ。飛行機の騒音公害などの問題は知っていたが、飛行場の滑走路も自衛隊と一緒に使うなんて知らなかった。

二日目に訪ねた嘉数《かず》台地から見た光景は、事前学習で学んだとおり、ドーナツ型になっており、宜野湾《ぎのわん》市の中心はすっぽり普天間《ふてんま》基地に取られていた。だから市の端から端まで行くのに回り道をしなくてはならないことが一目で分かった。自分の町に入れない、通れない場所があるなんて――。

米軍上陸の地、北谷《ちゃたん》の海岸に行くときも、大砲を積んでいる車に二度もあった。私達はいくら安全に輸送しているとはいえ、危険物を積んで町中を走るのは非常識だと思った。

米軍上陸地の海岸に着くとメリーさんが「ほら皆さん、今ファントムが飛び立ちました。パイロットの顔が見えるくらいの低空飛行ですよ。ちょっと上を見てごらんなさい」といわれた。空を見ると本当に顔が見えるほどの低空飛行だった。嘉手納基地から飛び立ったばかりだったのだ。空に工場があるようなすごい音だった。

嘉手納基地が見下ろせる「安保の見える丘」といわれている丘に着くと、メリーさんが、「あれがシェルターです。でも住民には、核爆弾が投下されても、入るシェルターがありません。」

それを聞いて、米軍の人だけが助かるという事実を悲しく思った。

嘉手納基地は、北谷、嘉手納、沖縄市の三つにまたがり、面積は、二〇〇七平方メートル、甲子園の八百倍もの広さだ。そんなに広い飛行場に入れるのは、米軍とごく一部の日本人だけだ。

●耳を刺す金属音残し黒き翼　街路樹ふるわせ海上に消ゆ
●あかね雲つんざき黒きファントムの爆音しげき嘉手納上空

これは、『歌集　沖縄』（丸木政臣著）に載っている短歌で、基地について歌っている。私達は事前学習で、この歌集から三十首ばかりの短歌を勉強したが、現地に行ってみると、この歌のとおりだった。

チビチリガマから嘉手納飛行場に行く途中「象のオリ」と呼ばれる巨大な施設を見た。高さ二八メートル、直径二〇〇メートルで一〇キロヘルツの超長波から一二ギガヘルツの極超短波までの電波をモニターできるそうだ。五〇余りの基地に「象のオリ」まであって、沖縄は本当に危険にさらされていると思った。

空にはファントムなどの戦闘機、陸には米軍の車が我が物顔に走っている。その中に住んでいる沖縄の人々は、こわいと思う。

沖縄戦は終わったはずなのに、なんだか〝まだ戦争は終わっていない〟という思いを強く持った。

この作品を含む五つの集団作成の作文は後日、日本作文の会編の『年刊日本児童生徒文詩集』(一九九四年版)に掲載されたので、彼らの体験と学びは全国に広まることになったのだった。

事後指導のもう一つは、担任の松岡さんが音楽教師としての力をいかんなく発揮して、旅行先のポイントポイントで歌ったテーマソング「ぬちどぅ宝」や沖縄民謡をフルに生かしての合唱構成劇の指導に力を注ぎ文化祭で発表したことだ。

その文化祭といえばこの年の二年生の活躍には目をみはるものがあった。展示の部では教室の四分の一を使ってガマの模型をつくり上げて見学者に〝真っ暗体験〟をしてもらい、さらに全員が自分の詩を広用紙(模造紙)に書き掲示した。見学者はこの詩の一つひとつに食い入るように見入り「感動的な詩ばかり」「よか修学旅行ばしてきたなあ」など感想をもらしていた。さらにステージの部では、二年生は先に述べた合唱構成劇「今学び考えひろめる沖縄」の発表とともに、学校劇「太陽の子」(「太陽の子」の劇化については次項で説明)のスタッフとして大活躍したことが挙げられる。

この北中の文化祭の演劇では三年生がオールキャスト、その三年生を一、二年生がスタッフとして支えるという態勢をとっていた。三年生は〝二年生が沖縄に行ったから、沖縄に関する演劇を選べばスタッフとして活動してもらいやすいだろう〟と「太陽の子」に決めたのだった。

修学旅行での二日目の夕食は吉さん姉妹も入っての沖縄料理店での外食だった。吉さん姉妹は沖縄料理の説明をするなどじつに楽しそうだった。疎開中に病死した二人の妹さんのことなどが蘇ってきたであろうに、その悲しみを越えて生徒たち一人ひとりにやさしいまなざしを注ぎつづけた。この外食体験が沖縄料理店「おきなわ亭」の舞台セットづくりに大いに役立った。

②沖縄の人々の心に寄り添う――『太陽の子』の劇化

沖縄修学旅行の成果がセットに

沖縄戦がテーマの劇「太陽の子」（原作・灰谷健次郎）の幕が開くと同時に、相良北中体育館にどよめきと拍手が起こった。「おきなわ亭」のセットが素晴らしいことへの賛辞だった。

その年で定年退職する体育教師守屋晴吾さんが二年男子生徒十数人を率いてつくり上げたステージいっぱいの沖縄料理店。細かいところまで気を配ってある。

たとえば、入り口のドアの横にビールの空き瓶や一升瓶がビールケースに無造作に突っ込んである。ひのきの丸太の皮を剝《む》いてつくったスタンドを据えつけたり、家庭科教室から冷蔵庫や茶棚を持ってきて置いたり、私の行きつけの酒場「酒仙」から使い古しのハイザーを借りてきて据えたり、「オリオンビール」のポスターを宮城直久さんを介して沖縄から取り寄せて貼ったり、職員手持ちの沖縄の民芸品を持ち込んで壁に掛けたり棚に置いたりした。小道具の三弦《さんしん》も家庭科教師の坂本ケイさんが沖縄の従弟から借りるという凝りようであった。

そのうえ、坂本さんは人吉から三味線の師匠を招き、三弦を弾く役を引き受けたオジやん役の青野修に特訓するという熱の入れようだ。やまばで修の三弦に合わせて踊るカチャーシーの踊りはたまたまわらび座公演のため先入りしていた団員（女性）の方に頼み込み、直接指導していただいた。生徒たちは短時間でカチャーシーの基本を身につけた。

なぜこんなに凝るのか。それは本物に近づきたいという教師集団の情熱が子どもに伝わって、子どもが燃えると思うからである。

前項で紹介した二年生の沖縄修学旅行が、十一月の文化祭の演目選びにつながった。演じ

悲惨な体験を心に「おきなわ亭」に集う人々

る三年生は二年生の体験がきっと生きると考え、いくつかの候補の中から「太陽の子」を選んだのだった。事実、沖縄料理店のセットづくりでは街の食堂で外食した二年生の体験が生きたのだった。

この「おきなわ亭」に足を運んでくるのは、神戸の下町で働く沖縄出身の人たちで、それぞれ沖縄戦によって心と体に傷を持つ犠牲者である。たとえばろくさんは沖縄戦で腕をなくした。日本軍の命令でわが子を絞め殺したうえ、手榴弾で自決を迫られ、全員死んだが、ろくさんは腕が吹き飛んだだけで生き残ったという悲惨な体験の持ち主だ。

そんな大人の中にあって店の十二歳の女の子、ふうちゃんは元気に明るく振る舞う。自ら望んでこの役を希望した池井利栄子の明るく伸び伸びとした演技が観客を引きつける。お父ちゃんは中学生のとき、沖縄戦にかり出されて負傷、助けてくれたひめゆり部隊の人たちと一緒に自決をはかるが自分だけ死にきれなかったという。心の傷を引きずってノイローゼになり発作を起こしたり、沈み込んだりして、深い溜め息ばかりついていた。

そのお父ちゃんは自ら命を絶ってしまう。お父ちゃん役を苦労して演じた溝口義輝の演劇に取り組んでの長い作文の中にこんな一文がある。

本番の一週間前ぐらいに那須先生が、「よく考えれば、お前の役は難しかったね。本当は、お前に考えさせようとしたばってん期日のなかでやむを得ん。参考としてビデオば見れ。前進座の〝太陽の子〟たい」と言われた。僕は、「少し気が違うとるのは、実際に見たことがなかし、いったいどぎゃんとやろか」とすこしわくわくしながらテレビに見入った。テレビの中の役者の人は少しも止まらず、たえず動き、僕から見て一番印象に残ったのは、〝照れ〟がないということだった。病気の父の苦しみ方がうまく、僕は、「こぎゃんうまくでくっどかね」と少し心配になった。ビデオの父の所《(ママ)》だけを見終わると上田先生が、「参考になったや。こぎゃんしよったろが」と片手を額に、もう片手を胸において、顔いっぱいにしわをつくり、全身を揺らしたり、また、こんどは、片手で後頭部を覆い、もう片方は、頭の側面につけ、「ふうちゃんが、ふうちゃんが殺されるやろが」と、声をふるわせ、まるで声をしぼり出すようにして実演され、僕は、思わず拍手してしまったほどだった。

今、思い返してみても本当に難しい役柄だったと思う。那須さんが前進座のビデオをそっと見せてヒントを与えた気持ちがよくわかる。義輝はその作文の結びでこうつづる。
「この文化祭は、沖縄での戦争を知るうえで貴重な経験になり、僕は、『二度とこのふうちゃんのお父さんのような人を戦争なんかでつくってはいけないな』と改めて戦争に対する憎しみを感じたのだった。」

その父親の死を乗り越えて生きようとするふうちゃん。それを励ますキヨシが海を見つめながら対話するエピローグが今も私の脳裏によみがえる。

ふうちゃん「キヨシくん、おとうさんとわたし、いつもいつもこの道歩いたんやで。ここでこうして海を見ながら、いつも八重山の話をしていたんやで」
キヨシ「ふーん」
ふうちゃん「キヨシくん、きょうの海、青いナ」
キヨシ「空も真っ青じゃ」
ふうちゃん「日曜日っていいナ」

キヨシ「うん。しずかやしな」
ふうちゃん「毎日、日曜日やったら、戦争はおこらなかったかもしれへんな」
キヨシ「うん。そうやなあ、そうかもしれへんなあ」
ふうちゃん「キヨシくん。うち、結婚したら、子どもたくさん産むねん」
キヨシ「……」
ふうちゃん「ひとりはわたしのおとうさん、もうひとりは、キヨシくんのおねえさん」
キヨシ「うん。そうやな。……ふうちゃん、ほれ、トンビ飛んどるぞ」
明るいスポットライトを浴びながら肩を組み客席の後方を力強く指さして幕。

子らは〝沖縄〟をどう受け止めたか

ふうちゃんを熱演した利栄子はこの場面をこうつづる。

エピローグでは今まで以上に感情を込めて言った。涙が込み上げてきた。「ふうちゃん、ほれ、トンビ飛んどるぞ」「ほんまやぁ」終わりだ。私と上木《うえき》（正）くんは今まで以上の笑顔で演じた。それは作った笑顔でなくほんものの笑顔だった。差別されてきた沖縄の人々

の思いを演じ終えたよろこびでいっぱいだった。（後略）

十年後の新婚旅行で沖縄の地を踏んだという利栄子は、戦跡などを巡りながら「太陽の子」でふうちゃんを演じたのを思い出したといって手紙をくれた。

「今、美容師として大好きな仕事をしている私ですが、いつ戦争が起こるか。二度と起こしてはいけない戦争！　そんな気持ちが常にあります――」

この義輝とともに演出を担当し、またキヨシの母親役として屈折した母の心をこれまた義輝同様苦労して演じた丸山仁美《ひとみ》は、「演劇『太陽の子』に取り組んで」という十七枚に及ぶ作文を書き上げた。その結びをこうつづる。

……でも一つだけよくわからないものがある。それは本当の沖縄だ。だから私は、文化祭後もう一度『太陽の子』を読んだのだ。演劇や本とはちがう本当の沖縄を知るため、担任の那須先生も「演出ノート」の返事に書かれているとおり、沖縄へ行ってみるべきだと思う。その時、初めて演劇『太陽の子』の幕は閉じるのではないだろうか。

「太陽の子」を演じた三年生は男子九人、女子六人の十五人の学級だった。キャストの不足を沖縄修学旅行に行った二年生の応援を得てみごとにやり遂げた。卒業文集「太陽」に載せる生活作文は全員がこの「太陽の子」に取り組んでの感想をつづった。生徒どうし交換しての評つきで——。

たとえば、この仁美の評は中村高志が担当した。彼はこんな評を書いている。

演出として、みんなをリードしていかなくてはならないと言う気持ちがひしひしと伝わってきます。まず、十八枚という作文に驚きました。「演出日記」を文化祭が終わった日の夜、つかれているのに一ページ半も書いたというのにも驚かされました。「太陽の子」の原作も、演劇が終わってから、もう一度読み返すなどに丸山さんのまじめさが出ています。この「太陽の子」の演劇は、〝沖縄へ行ったとき初めて幕が閉じる〟という丸山さんの考えに僕も賛成です。僕も行ってみたいと思います。

高志は、ろくさんを演じた。演劇の後半のやまばでのキヨシを取り調べようとする二人の警察官に対峙《たいじ》する場面の長いせりふがよみがえってくる。

「手榴弾でふっとばされたんや。敵の手榴弾やない。沖縄を守りにきてくれていた兵隊がわたしたちに、名誉のために死ねというて渡した手榴弾や。わたしたちみんなかたまって、その真ん中で手榴弾の信管を抜いた。そして、みんな死んだんや。わたしは手がふっとんだだけで助かってしもうた。……ええか、この手をよくみなさい。見えないこの手をよく見なさい。この手でわたしは生まれたばかりの子を殺した。わしの子をこの手で殺したんや。赤ん坊の泣き声が敵にもれたら全滅だ、おまえの子どもを始末しなさい、それがみんなのためだ、お国のためだ、わたしたちを、沖縄の子どもを守りにきた兵隊がそう言うたんや。この手をよく見なさい。わたしはこうして見えない手に打たれて、一人ぼっちで生きとる。同じ日本人や。これが平等かね。あんたらは子どもを殺したわしに、手錠をかけることができるかね。悪いことをしないで平和に暮らしている人たちのしあわせを守らなければならないとあんたは言うたね。わたしたちは、なにも悪いことせんで暮らしていたんやがね。……この知念キヨシというひとりの少年の中にも、沖縄の苦しみがいっぱいつまっていることを知ってもらいたい」

高志の重厚な演技が「太陽の子」をきりっと締めた。

今年、早くも三十八歳になるこの「太陽の子」の子らは沖縄辺野古新基地・高江ヘリパット基地建設強行など激動する沖縄をどう見、どう考えているのだろうか。

3章　わが人生の教師たち

1 「教師は勉強をしなければ」——畏友・桑原寛《ひろし》さん

畏友《いゆう》との出会い

畏友桑原寛さんとの出会いは一九六七(昭和四十二)年一月、新潟へ向かう夜行列車だった。人吉球磨の小学校で〝生涯一教師〟を貫いた桑原さんは当時四十歳。私は三十歳の若僧だった。教職員組合人吉球磨支部の教育文化部長だった桑原さんは、新潟での日教組の第十七次教育研究全国集会での発表者である私たち四人〈舟戸孝子〈錦西小・保健〉、山部正〈岡原中・特殊教育〉、大跡尚雄〈一武小・学校行財政〉、上田精一〈上村中・教職員の職場〉〉の引率者として同行していた。

桑原さんにとってこの引率が教文部長に就任しての初仕事だった。この前年の十月二十一日、日本教職員組合(日教組)の指示に従って人吉球磨支部も人事院勧告完全実施要求を掲

筆者の退職記念祝賀会で実行委員長挨拶をする桑原寛さん

げてストライキに突入した。その後、ストライキに参加しなかったそれまでの教文部長が組合を脱退し部長が不在となった。教職員組合における教育文化の活動は教職員の生活と権利を守る闘いとともに重要な位置を占める。執行部は桑原さんに白羽の矢を立てたのだった。

列車の長旅に飽きた私は初対面の、しかも大先輩に向かって「桑原さん。食堂車に行きまっしょい、食堂車に」といとも気安く誘った。彼は私の向かい側の席で赤鉛筆で線を引きながら熱心に本を読んでいた。彼はおもむろに本を閉じると、

「そうですね。腹も減りましたね。行きましょうか」と私の誘いにのってくれた。

ビールで顔を真っ赤にした彼は急に雄弁になった。

「教師はたえず勉強しなければだめだ」「国語の教師なら『作文の会』に入って、生活を題材にした作文を通じてものの見方、考え方を学ぶ生活綴り方ば本気で勉強してほしい」

私はいつの間にか聞き役に回っていた。アルコールの勢いもあって、その食堂車で「作文の会」への入会を約束させられてしまった。

この作文の会で仲間たちからいかに教えられ、学んだことか。福山司《つかさ》さん、犬童《いんどう》敏春さん、山下完二さん、笠肇《りゅうはじめ》さん、村上ますえさんら数えあげると次々に先輩たちのなつかしい顔が浮かんでくる。新入りの私が勇んで持ち込む実践報告をこれらの先輩たちはやさしく包み込み、しかし、言うべきは厳しく言っていただいた。そのつど私は実践のつたなさに気づかされ、悔しい思いをしながらもせっせと作文の会に通うようになっていったのだった。

桑原さんに教えられたこと

中でも桑原さんからはじつに多くのことを学んだ。真っ先に浮かぶのは「子どもを徹底して主人公に位置づける」ということばだ。作文指導や学級づくりで具体的に語るそのことばには説得力があった。〝子どもが真ん中〟という私の教育理念は彼の影響によるところが大きい。「教師の押しつけは子どもの可能性を奪う」と自らに言い聞かせるようにくり返し言っていたことも思い出す。押しつけがましい性格の私にとって耳の痛いことばだった。

彼が定年退職したあとも、研究授業などの教材観や講演のレジュメや原稿の相談などで書斎に通った。突然訪ねても彼は読みさしの本を脇に置いていやな顔一つせずに応じてくれた。ただ年度末にはそういかなかった。その時期、彼は熊大の論文執筆に集中しているので〝ふらっと訪問〟はひかえ、かならずアポをとって訪ねることにしていた。このようにしてまとめた熊本大学研究紀要の別刷りができ上がると、私にもかならず届けてくれていた。

そのタイトルだけでも紹介しておきたい。

一九八九年　登校拒否の原因についての考察
一九九〇年　人間的自立を励まし育てる生活綴方
一九九一年　「個性重視の教育」についての考察
一九九二年　登校拒否をめぐる問題についての考察
一九九三年　少年期の子どもの自立と家庭
一九九四年　少年期の子どもの自立と家庭（親）の役割
一九九五年　「喜びとしての学習」と教師の指導
一九九六年　子どもの人権と「いじめ」―子どもが安心して通える学校づくり
一九九七年　「生きる力」についての考察

一九九八年　「心の教育」についての考察
一九九九年　未完のまま入院

論文の応募は自由なのだが、彼は毎年積極的に挑んでいた。身の周りに参考資料や書物を所狭しと広げ、書斎にこもって執筆していた彼の姿が今もありありと浮かぶ。

じつは私も桑原さんの後を継いで一九九九（平成十一）年から十年間、熊大で教育学などの講義を持ったのだが、私はついに一度も応募することなく終わってしまった。怠け者の私にくらべて彼がいかに勉強家であったかがこのことからも窺える。〝教師は常に勉強を〟と身をもって示したのが桑原さんなのだ。

遺志を受け継ぐ

「母がショックを受け、親父より先にまいってしまいそうなので、母にも伝えていない。私たち子ども三人以外誰にも言っていないのですが――」

と長男・修くんは、入院間もなくのある日、「父は肺癌の末期で手術もできない状態です」と沈痛な表情で私に告げた。

私は衝撃を受け泣きたい思いだった。畏友・桑原寛さんとの〝別れ〟を覚悟し、足繁く、しかし平静を装って病室を訪ね、体調のいいときには元気なときと同様学校のこと、作文の会のこと、映画運動のことなどの話題や相談事を意図的に持ち込んだ。彼はベッドから起き上がり、書斎で語り合っていたときと同じように目を輝かせて私の問いに答えたり、助言をしたりしてくれた。和子夫人はおっしゃっていた。「先生がいろいろ相談なさっとが主人にはいちばんよか薬のごたっですよ」と。

〝肺炎をこじらせての入院〟と知らされている作文の会をはじめとする彼の友人、知人はやがて退院と軽く受け止めていた。だが、もう伏せておくべきではないと思った私は、一人、また一人と病名を知らせ始めた。桑原さんのあとを継いで作文の会の会長を引き受けた西恵美子さん（現岡原《おかはる》小）、事務局長の秋丸貴敏《きとし》さん（元木上《きのえ》小）、前事務局長の吉村義秋さん（現西瀬小）が連れ立って見舞った日など、たいへんな喜びようだったという。人吉球磨作文の会の未来をこの若者たちに託せると確信したのではないかと今にして思う。

二〇〇一（平成十三）年五月二十一日夕刻、別れが近いことを感じつつ、痩せ衰えた彼の両手を握り締め、顔を撫でて、「桑原さん、いろいろと教えてくれてありがとう！　バトンは引き継いだばい」と耳元で声をかけ別れを告げた。彼は目尻に涙をにじませて私の手を力なく握り返した。

私の不安は的中し、翌二十二日早朝三時三十分に息を引き取ったことを修くんの電話で知らされた。

友人を代表して私は、彼が横たわる柩の前で弔辞を読み上げた。（前半略）

「あなたは語っていましたね。ぼくは徹底した軍国主義教育を受けて軍国少年に育った。なんの矛盾も感じず大邱《たいきゅう》師範学校を卒業し、敗戦までの四か月半、朝鮮の南山《なんざん》国民学校で軍国主義教育をやった。当時、日本の侵略戦争に生命をかけて反対していた人たちがいたことを思うと恥ずかしい限りだ」と。その厳しい反省があなたの教育実践の根底に脈打ち、あなたの思想と行動を形づくったと私は思います。小学一、二年担任を十数回くり返し、低学年教育のベテランと言われての小学教師四十年。その後、熊本大学、熊本学園大学、人吉看護専門学校で教鞭をとり、じつに、教育ひとすじ五十三年の生涯でした。（中略）七十四歳とは、今の時代、あまりに早い別れです。あなたを苦しめた癌が憎いです。でも、今、やっと楽になりましたね。あなたの遺志を受け継ぎ、私たち友人一同、平和で民主的な、国民が主人公になる社会をつくるための一端を担います。桑原さん、三十四年の変わらぬ友情、ありがとうございました。ことばが足りませんが、お別れのことばといたします。本当にありがとうございました。さようなら。」

二〇〇一年五月二三日

友人代表　上田精一

2　平和の先達——北御門《きたみかど》二郎先生

絶対的非暴力主義

二〇〇四（平成十六）年七月十七日早朝に亡くなられた北御門二郎先生の葬儀が一週間後の二十四日に行われた。夏雲がわき、夏の太陽がぎらぎらと照りつける日であった。

「すんませんなあ。息子のすすぐは、どうして、みなさんに迷惑をかけるような葬式ばすっとでしょうかね。僕のいちばん嫌いなことだということは知っとるはずなのに」

小さい体をいっそうちぢめ恐縮しておられる先生のお姿が、遺影の柔和な笑顔と重なって見えた。

先生は旧制五高（現熊本大学）在学時に『イワンの馬鹿』に出会い、「その非暴力の理念に強く打たれ、それが、トルストイにのめり込んでいくことを決定的にしたとですよ」（毎日新聞・一九九一年四月二十一日）と語っておいでのように、常々「『イワンの馬鹿』を世界中の学校が教科書に使えば、人類はたちまちのうちに戦争の呪いから解放さるっとですがねえ」と語っておられた。

宇土高校の職員研修に招かれて「トルストイと私」の講演（一九七四年四月十一日）をなさったあと、自ら翻訳した『イワンの馬鹿』を贈られたことが縁で、宇土高校生による『イワンの馬鹿』の版画集が生まれた（指導・坂田燦教諭）。一九七六（昭和五十一）年七月のことである。

北御門先生とノンフィクション作家、澤地久枝さんが反戦平和とトルストイへの思いを語り合った『トルストイの涙』という本がある。一九九二（平成四）年にエミール社から出版され好評だったが、同社倒産で絶版となっていた。「日本が戦争か平和かの岐路に立つ今こそ読まれるべき一冊」と再版を決意したのは、人吉球磨作文の会編の『やまぎりの子ら』や拙著『ふうきゃん先生まっしぐら』を出版した元エミール社社長の長谷川幹男さんだ。新たに青風舎をおこしていて、一昨年十二月、相談を受けた私は一も二もなく賛同した。

校正作業を手伝うなかで久々に再読。徴兵拒否、絶対的非暴力、トルストイの三部作（『戦争と平和』、『アンナ・カレーニナ』、『復活』）のことなど、澤地さんの巧みな語りかけに水を得た魚のように語る北御門先生。その表情、声音、息遣いとともにトルストイと一心同体だった先生がよみがえってくる。

筆者（中央）の左が北御門先生、右が澤地久枝さん、右端がヨモ夫人。（『トルストイの涙』の出版祝賀会で。1992 年）

不屈の人

奥球磨の水上村湯山に居を構え、農業のかたわらロシアの文豪トルストイの作品翻訳に力を注いでおられた先生との出会いのきっかけについてははっきりと覚えている。それは一九七一（昭和四十六）年八月二十五日の朝日新聞・声欄への先生の投書だ。「教委に憲法九条はタブーか」というタイトルだったので、私は目が吸いつけられたようにして読んだ。その全文を引用しておきたい。

人吉球磨地区中学国語科の先生方、約五十人を対象に、八月二十日午後一時から二時半まで何か話してくれとの交渉を受けて承諾した。テーマは自由、事前に何かプリントして配布した方がよければプリントしますとのことで、憲法第九条およびソクラテス、道元、釈迦、キリストの言葉を書写しプリントをお願いしておいた。

たまたま熊本放送に招かれて熊本に出向いた時、元中学教師の知人にそのことを話したら教組主催か、教育委員会主催かと聞く。校長先生が見えられての交渉だったと言ったら、じゃあ教育委員会だ。教組の方ならいいが、教育委員会に平和憲法のプリントを頼んだのはまずい。きっと何かと名目をつけて断って来るよ、と言う。私は内心まさかと一笑に付していた。それで熊本放送からやはり二十日の出演の交渉を受けた時も、先約を理由に日延べしてもらったのである。

ところが驚いたことに、知人の予言はピタリと的中した。最初にテーマを変えてほしいという申し入れ、ついで都合により催しが取りやめになったのであしからず、とのこと。教育委員会にとって憲法第九条はタブーですか。なぜアンデルセンの童話の中の子どものように、裸の王様を、裸だと正直に言えないのですか、と言ったら、校長先生は苦しい顔をした。

平和憲法について語ることを偏向ととるような風潮が、現在の教育委員会の中にあるのであろうか。もしそうであれば、教育委員会は、まさに光にそむいていることになると思う。

当時、私は教職員組合人吉球磨支部の書記長（専従）の任にあった。「教え子を再び戦場に送らない」の誓いのもとに結集している教組にとっては看過すべからざる問題である。まず教文部が機敏に反応し、部長の山下完二さん（当時免田小）と部員の草野誠弥さん（当時湯前中・故人）が湯前の生家に滞在中だった先生を訪ね、その会見記を「教文だより」（一九七一年九月一日発行）に載せた。「氏は私たちを快く迎え入れられ、およそ一時間にわたって、今回のこと、戦時中のこと、憲法のことなどについて、極めて、ざっくばらんに、だが、このうえなく誠実に話していただいた」と『教文だより』は記している。

この探訪記に添えて、山下、草野さんが一文を寄せている。その末尾の部分のみをそれぞれ紹介してみたい。先ず、山下さんは「話しぶりは穏やかだが内容は鋭い。あの軍国主義、国家主義の厳しい中で徴兵拒否された人の体験を通じての一語一語である故に、私の耳に突き刺さるように痛くひびいた」と述べ、草野さんは「『私の心から言いたいことを、より多くの人々に伝えていただくことは、たいへんありがたいことです』といわれる投稿者の淡々とした、だが、強じんな生きる姿勢に接して深い感動を覚えずにはおれないのである」と述べている。四十六年前に北御門先生に出会った二人の青年教師の感動が、きのうのことのように私の胸に迫ってくる。

「僕の訳でトルストイ三部作（一九七八〜七九年刊）を読み直してほしい」

先生は私たちと会うたびにそう語りかけておられた。それに応えるようにして元人吉新聞常務、週刊ひとよし主宰の伊勢戸明さん（故人）らと「『アンナ・カレーニナ』を読む会」を作っていた。私の家で月一回開く例会に先生は湯山から駆けつけてくださった。会のあと杯をかわし、遅くなればそのままわが家に一泊された。当時小学生だった私の三人の子どもの名前を覚えておられ、お会いするたびに「○○ちゃんは元気ですか、○○くんはどうしとりますか」と子どもの消息を尋ねられるのが常だった。

会は忙しさにかまけて、何年かののちに立ち消えになってしまった。もったいない話である。私は先生の笑顔を見つめながら、そのことを詫びた。

「トルストイとの出会いは、結局私に兵役拒否を命じ、大学を中退して帰農させ、やがて誤訳指摘を機縁に自らトルストイ翻訳に挑ませ、その三大長編『戦争と平和』『アンナ・カレーニナ』『復活』の出版につながった」とも語っておられた。

三部作の出版を機にソビエト作家同盟から二回にわたってモスクワに招待され、二回めのとき、モスクワ放送の女性アナウンサーから、

「あなたはトルストイの作品の中で、どれが一番好きで、一番みんなにすすめたいと思いますか」

と問われた先生は、
「トルストイの作品はみんな、みんな好きだけど、トルストイへの入門書としてすすめたいのは『イワンの馬鹿』でしょう」
と答えられた。（前掲・毎日新聞）
三部作の読了は、そう簡単にはいかないが、『イワンの馬鹿』を学校で地域で、そして子や孫と読み合うことは可能だ。私も五歳の幼稚園児から小中高大学生までの八人の孫たちが愛読書の一冊にしてくれることを心底願っている。

葬式の終わりに長男のすすぐさんは、

「父は派手なことが嫌いな人間でした。こんな形の葬儀をいやがっていると思います。しかし、父にお別れをしてくださる皆さんのお心がうれしく、あえて父の嫌いなこのような儀式を執り行いました。暑いなかありがとうございました。父にかわってお詫び申し上げます」

と挨拶された。

肩をすくませながら「すんませんなあ」という甲高い先生の声が聞こえてくるような気がした。

3 平和教育に人生を捧げた人——丸木政臣先生

丸木先生との出会い

丸木先生と出会ったのは一九七一(昭和四十六)年七月二十九日のことだった。

当時、教職員組合人吉球磨支部の書記長だった私は、教育研究集会(支部教研)の講師に丸木先生はどうかと執行委員会に提案した。『教育改革』(三省堂)という著書にいたく感動していたからだ。この著者なら、テストを集計し、序列をつけて子どもたちの尻をたたく教育界の問題点と方向性を

講演会後の丸木先生を囲む会で挨拶をされている丸木先生（右端）

論理的に説き明かしてくれるにちがいないと確信してもいた。

「七〇年代の教育——その動向と課題」と題する講演には組合員二百五十八名、校長、教育長など二十名、父母四十名、計三百十八名が参加したという記録が残っている。

その夜の講師を囲んでの懇親会で杯を酌みかわしつつ、先生は、阿蘇宮地町（今の一の宮町）の貧農の家に生まれた少年時代、国家主義、軍国主義教育を受け、そのことになんの疑問も持たなかったこと、師範学校卒業と同時に従軍し、敗戦に茫然自失の状態だったこと、一種の脱力状態で家郷に引き揚げてきたことなどを話されたが、ある日の母親のひと言に目を覚まされたという。

——あんたは、こるかる《これから》先どうすっとな。同級生の人たちゃ戦死さした《されたのだろう》っじゃろ。生きて帰ってきたあんたは死んなはった人んぶんまでがんばらにゃ。なあ、そうじゃろが。

「無学の母にこう言われて、皇国史観に凝り固まった私の石頭は打ち砕かれ、迷いもふっ切れ、付属の教員になったんですよ」

初対面の私たちに率直に負の生いたちを語る丸木先生に私はすっかり惚れ込んでしまった。この日の強烈な出会いが四十年を超える親交につながろうとは当時、夢想だにしないことであった。

私的な面では、東京在住の妹の息子と娘が和光学園に小中高大とお世話になり、私の長女も私の勧めで和光大学に入学した。長女は丸木先生の講演テープ起こしなどのアルバイトまでさせていただき、勉強にもなったし、学費もかせげたと喜んでいた。さらに私的なことを言えば、東京で結婚したこの長女の結婚式、東京に就職した長男の結婚式にもおいでいただき、心温まる過分な祝辞をいただいたのも今はなつかしい思い出となってしまった。

先生逝く

丸木政臣先生が亡くなられたことを最初に知らせてくれたのは、人吉球磨作文の会の先輩笠肇さん（元小学教師）だった。その二〇一三（平成二十五）年六月から早くも四年が経つ。

丸木先生は、かつて熊本大学付属中学校（一九四五～一九五三）におられ、笠さんは先生のクラスの生徒で三年間社会科を学んだ。「戦後の新教育をつくり上げる情熱を感じた。教師という仕事の魅力を教えてもらった」という。先生を心から尊敬している教え子の一人だ。公私の用件で上京したおり時間を作って先生にお会いすると先ず、「笠くんはどうしてますか、元気にしてますか」と尋ねられるのが常だった。そのつど、私は笠さんの人吉での教育文化運動などの活動ぶりを手短に報告した。

丸木先生は「そう、そりゃいいな。笠くんもいよいよ人吉に根をおろしたな。よろしく伝えてください」と満面に笑みをたたえておられたのをなつかしく思い出す。

私は笠さんのように直接教えを受けたわけではないが、先生との出会い以来、先生のお人柄や教育理念に心を打たれ、上京のたびごとに和光学園の校長室を訪ねた。二章に書いた沖縄修学旅行について貴重な助言を得たのもこの校長室だった。

「平和ガイドには浦崎メリーさんという人がいますよ。それと沖縄戦の体験者もたくさんおいでだが、うちの和光小でお世話になっているひめゆり部隊生き残りの宮良《みやら》ルリ先生はどうかな」

などと言ってその連絡先まで教えていただいたものだ。

今、こうしてペンを進めていると、あの日、あのときの校長室が目に浮かぶ。先生の笑顔とともに――。沖縄をより深く理解できる先生の歌集『沖縄』（星林社）をいただいたのも確かこのときであったと思う。

ときには落ち合う場所を指定されることがあった。方角に弱い私が約束の時間ぎりぎりにやっとの思いでその場所に辿り着くと、いつもかならず先に待っておられ、笑顔で〝おっ〟と手を挙げられるのであった。

「上田さんは和食がいいでしょう」

先に立ってさっさと歩かれ、「予約しておいたから今日はここにしましょう」と言うと、先生は小ぎれいな小料理店に案内してくださったものだった。そのようにして大いに飲みかつごちそうになったこともたびたびだった。

先生はたいへんな美食家で、特に肉類が大好きだったためか、晩年は痛風や糖尿病にかかり闘病の日々であった。当時、先生は和光学園小中高の校長をはじめ、日本生活教育連盟（日生連）委員長を務めるなど多忙をきわめておられたにもかかわらず、病の身ながら和光学園への愛、「生活教育」を理念とした教育改革への思いはいささかも衰えを見せなかった。

最後にお会いしたのは二〇〇七（平成十九）年十一月三十日、『丸木政臣教育選集』（澤田出版）の出版を祝う会（東京）だった。その後は闘病の日々となられたので訪ねることをひかえ文通のみの交流となった。

日生連は日本作文の会や教育科学研究会などと並んで戦後民間教育研究運動の草分け的存在である。「生活教育は歴史を動かす民衆の生活要求に根ざす教育である。わたしたちは子どもたちの生活意欲、学習意欲をほりおこし発展させる」と綱領にあるように、生活と教育の結合を追求している研究団体である。

丸木先生と人吉

公的な面での先生との交流は数限りない。これも私の書記長時代のことであるが、人吉新聞に「黒板日記」（一九七二～七四）という父母、教師による教育エッセイを教組の教育文化活動の一環として連載（三〇〇回で連載終了）した。その中の七十本を選んで選集として出版することになった。題して「どんな子も切りすてんでほしい」（人吉新聞社編・一九七四年民衆社）。序文は二年前に出会ったばかりの丸木先生。人吉新聞では「黒板日記」のあとを受けて、一九七五年から始まった児童詩コーナー「め」を連載（今もそのコーナーはつづいている）。その選集は、『やまぎりの詩』（人吉球磨作文の会編　民衆社・一九七九年）、『やまぎりの子ら』（同会編　エミール社・一九九四年）の序文も丸木先生にお願いした。拙著『教育はロマン』（民衆社・一九八二年）、『学校に希望の風を』（民衆社・一九九八年）の序文も先生にいただいている。

民間教育運動と丸木先生

民間教育運動で忘れ得ぬことの一つは、丸木先生自らが校長となっての九州各県めぐりの夏季学校である。「子どもに明日を、学校に自由と連帯を！　教師、父母、学生のための教育自主講座」と銘打っての第一回は人吉だった。その後一九九〇年の沖縄まで東京と地元合わせて十名前後の講師団の中に私も入れていただいて映画運動や演劇教育、作文教育などの実践を報告しつつ先生とともに各県をめぐり、杯も大いに重ねたのであった。

その夏季学校での丸木先生の記念講演の演題は次のようであった。

一九八四年（熊本　人吉）　学校のよみがえる道
一九八五年（鹿児島）　いま、学校は家庭は
一九八六年（宮崎）　子どもと共に教育改革を
一九八七年（熊本　山鹿）　現代の学校と学力づくり
一九八八年（佐賀）　いま、学校、教師、父母に問われていること

一九八九年（長崎）　子どもの明日をひらく学校の再生
一九九〇年（沖縄）　嵐の中で明日の教育を考える

諸般の事情で大分と福岡での開催はできないまま九州夏季学校の幕をおろしたことについては、夏季学校の校長として開催をリードされた丸木先生も、協賛出版社の沢田明治《あきはる》民衆社社長も無念の思いを持ちつづけておいでだった。私自身もご両人と会うたびに夏季学校の再開を語り合ったのだったが、立ち消えの形で終わったのがかえすがえすも残念である。

さらにもう一つは、丸木先生が長年委員長を務められた日本生活教育連盟（日生連）の全国大会を人吉でぜひとの要請を思い切って引き受けたことである。大会事務局長の笠さんも実行委員長の私も副委員長の嶋田正剛さんも、定年退職間近の〝大仕事〟であった。一九九六（平成八）年八月のことだ。「大成功でなにより！　さすが人吉！」と喜ばれた丸木先生のふくよかな笑顔が忘れられない。

成績で子どもどうしを競わせて子ども集団をバラバラにする日本の教育や、憲法九条をふみにじる政治など、平和をとりまく状況はきわめて厳しい。きっと先生は、空の高みから今こそ「子どもが主人公の教育を」「教育に人間を」と呼びかけておられるに違いない。

4　叙情ゆたかに戦争と平和を撮りつづけて　──今井 正監督

人吉での日々

「う〜ん、美しいねえ。こんなに美しい自然が残っているところは全国どこを歩いてもめったに出合えませんよ。心が和みますなあ」

一九九一（平成三）年十月六日、球磨川の支流としてはもっとも大きい川辺川上流の深山に囲まれた集落、五家荘へ今井監督を案内したときの感嘆の声が今も耳底に残っている。

北は北海道、南は沖縄まで全国各地ですぐれた映画の上映運動を進めている全国映画センターと映画製作現場の人たちが一堂に会しての「映画の仲間全国交流会」に大澤豊、中山節夫、有原誠治監督らをはじめ全国から百五十人近い参加者とともに人吉入りされたおりのことである。

「監督、今回は四回目の人吉です。今度は五家荘ツアーも計画していますから、どうぞゆっくり疲れをいやしてください」と語りかけると、

「えっ、まだ四回くらいでしたか。もっと来てるかと思いましたよ。人吉はいいところです。自然も美しいし、人柄もいいし、なによりも映文協の皆さんと映画を語り合えて楽しいです。市会議員の宮原茂富さんも映画にくわしい方ですね。たくさん観てられるしその見方が鋭くて深い。ぼくのシャシン（映画）もほとんどみな観ておられましたよ。上田さんは宮原さんのような映画ファンに囲まれて幸せですね」

と人吉賛美を惜しまれなかったことを思い出す。

今井監督の第一回人吉入りは、「小林多喜二」（山本圭、中野良子、北林谷栄）のキャンペーンのためであった。上映実行委員会の事務局長を務めた私の手元にはその取り組みノートが残っている。それには私の高校時代（八代高校）の同級生、森口透くん（故人）が経営していた第一映劇（一九九〇年閉館）を貸し切っての一週間上映（一九七四年五月十一日〜十七日）で一五〇〇人の観客を得、一定の成果を挙げたとつづっている。上映運動のなかで催した「今井正監督を囲む会」には五十人が参加。「小林多喜二」を撮るに至ったいきさつを生き生きと語られたのをなつかしく思い出す。

その後、「子育てごっこ」（加藤剛、栗原小巻主演）の上映運動のなかで再び招いた。上映

に先立ち「映画づくりのうらおもて」と題する講演をお願いした。

「四十年間、映画を撮りつづけてきたが、まだ満足する作品はただの一回もない。作る途中では何回も見直すが完成した作品はいっさい見ない。見れば次々にアラが見えてくるからだ。撮り終えたら次の作品しか考えない。シナリオも塵箱に捨ててしまう」

という話は特に私の胸を打った。常に先を見つめる方なのだと、いたく共感したからだ。

その夜、人吉市の河内《かわち》書道教室の部屋を借りての監督を囲む会で河内久美子さん（映文協会員）の手づくりの料理に舌つづみを打たれる今井監督。日本映画の巨匠を迎えて大感激だった今は亡き穴井那津二《なつじ》初代映文協会長の笑顔とともになつかしく思い出す。

そう言えば映文協発足と同時に始まった名作映画鑑賞会(名画会)の第一回上映作品を決めるとき、「また逢う日まで」を提案したのは穴井会長だった。そのときのことばを覚えている。

「『また逢う日まで』(久我美子、岡田英次主演）はどうかな。戦争によって未来ある男女が引き裂かれていくという悲劇、静かな反戦映画だが、今井正のあの叙情ゆたかなメガホンがたまらんよ。あれをみんなでもう一回見ようや」

私が今井作品の中でもっとも多く観ている作品がこの「また逢う日まで」だ。なぜなら熊本大学の講義（「映画にみる青春と平和」）で教材化し、十年間学生とともに毎回ひき込まれて観たからだ。高校時代に初めて観てからおそらく二十回近く観ているのではないだろうか。

窓ガラス越しの口づけをかわすあの有名なシーンは、現代の学生にも新鮮かつ強烈な印象を与えたことが手元に残っている学生のレポートからもうかがえる。

そして、三回目は一九八七年映文協十周年記念講演の講師として招いたときであった。「私の映画づくり」と題して、旧制水戸高校（現茨城大学）時代の左翼活動や映画入りのエピソードを語り、「貧しい時代の貧しい暮らしが私の映画づくりの原点」と終始にこやかに話されたのが印象に残っている。

四たび人吉入りされたのが冒頭に述べた「映画の仲間全国交流集会」であった。今となっては監督の遺作となってしまった「戦争と青春」の撮影エピソードを折りまぜつつ「まずまずの出足でいい仕事ができたと思っています」と、にこやかにひかえめに語られたのをきのうのことのように思い出す。

懇親会の席で、前述の宮原茂富さんが問いかけるのを私はふと耳にした。

「監督は過去の作品は観ないとおっしゃっていましたが、全作品四十七本の中で、この一本というのはおありでしょうか」

「そうですね。あえて一本をあげよと言われると『キクとイサム』かな。あれは私にとって会心の作といっていいでしょう」

二〇一六（平成二十八）年秋、「日本映画復興会議」（東京）の会合でキク役の高橋エミ子

さん（現演歌歌手）に偶然会い、その話をしたら、

「そうですか。うれしい！　今井先生は今でも私の中に生きています。父親みたいな方です」

はるか遠くを見つめるようにエミ子さんはつぶやいた。

私の宝もの

五家荘ツアーは総勢十七人。五台の車に分乗して人吉を出発。今井監督には慎重な運転をすることで知られた初代映文協副会長福山司さんの車に大澤豊監督とともに乗っていただいた。大澤監督は当時「ぼくちゃんの戦場」などの秀作を撮っておいでだったが、この「戦争と青春」では監督補を務め、この旅では今井監督の〝健康管理者〟を任じ終始気を配っておられた姿を思い出す。

五家荘の宿山女魚荘《やまめ》（樅木《もみき》）では「ぼくは日本酒でいきましょう」とおっしゃり、焼酎をがぶ飲みする一行の傍らで終始にこやかにさもおいしそうに盃をかたむけておいでだった。

「監督、よくぞツアーに参加していただきました。ありがとうございます。うれしいです」

とあらためて挨拶すると、

「上田さんはいつ教頭先生になられますか。管理職にならなくてはいけないでしょう。あな

たが管理職になられたらきっといい学校づくりができますよ」

「いやあ、ぼくは管理職には向いていません。生涯一教師が願いです。ところで、「監督、次回作は考えておいでですか」と尋ねると、

「もし、私に時間と金と体力があったらの話ですが、撮りたかったのが、ないわけじゃない」と言ってひと呼吸おいてから、

「秋水《しゅうすい》（幸徳《こうとく》秋水）を撮りたかったなあ」

そうしみじみと言われたのが印象的だった。

その今井監督が人吉入りされてわずか一か月後に急逝された。「戦争と青春」の試写会場（埼玉県草加市）へ挨拶に向かう途中であった。思いもよらないことで私はすっかり気落ちし、なかなかもとの精神状態に戻ることができなかった。

葬儀に出られなかった私は、会議で上京した折、お詫びとお悔やみを兼ねてご自宅を訪ねた。帰りぎわ、ツヤ夫人が監督が倒れた日に身につけておられた新品のベルトとネクタイを形見分けとしていただいた。それは記念すべき映画の集いなどで身につけるようにし、ふだんは使っていない。私の宝ものだ。

宝ものと言えばもう一つある。それは第三十一回名画会で「青い山脈」を第一映劇と提携して一週間上映に取り組んだおり、人吉新聞に名画会に寄せての原稿をお願いしたことがある。

『青い山脈』誕生の頃」と題する文章をいただいたのだが、私が〝宝もの〟として大切にしているのはこの原稿に同封されていた手紙である。その末尾にこうあった。

「下手な文章ですみません。もし具合が悪ければ又書き直します。遠慮なくおっしゃってください」

巨匠今井監督からのこのような謙虚な手紙に接し、私はますます監督にひかれ、いくたびもお宅を訪ねるようになった。そのうちいつしか二階の書斎に図々しくあがり込むようにもなっていた。

原作者の早乙女勝元先生からの「戦争と青春」の監督要請を体力の衰えと感性の鈍りを理由に固辞されているのを先生から知らされた私は、訪ねるたびに〝ぜひ受けてください〟といらぬお世話をしたこともあった。

監督が亡くなった翌年、一九九二（平成四）年の第五回ひとよし映画祭は、「巨匠・今井正の世界――愛・人間社会――」と題して「ゆき」「キクとイサム」「ここに泉あり」「ひめゆりの塔」を上映し、ゲストに今井ツヤ夫人を招き、「夫・今井正を語る」の講演をしていただいた。

今井正は社会の不正を鋭く叙情ゆたかに描いたヒューマニズムにあふれる数々の名作の中に、そして私の中に今も脈々と生きている。

5 映画で反戦反核を追求
——新藤兼人監督

新藤監督との出会い

二〇一二（平成二十四）年の第二十五回「ひとよし映画祭」での上映作品を新藤兼人監督の「一枚のハガキ」に決め、その報告の手紙を差し上げた。その直後、監督の訃報（五月二十九日没）に接し愕然とした日のことをきのうのように思い出す。

新藤監督との出会いは一九九〇（平成二）年の第三回ひとよし映画祭のゲストに招いたときだった。「生《せい》の原点を見つめる」というテーマのもと「裸の島」（一九六〇）、『愛妻物語』（一九五一）の二本立て上映。上映に先立ち、監督に「私が歩んできた道」と題して一時間の講演をお願いした。

監督は「『裸の島』はわが独立プロが経済的に行き詰まり、解散を覚悟して生か死か、私た

筆者と新藤兼人監督（右）（1983年）

ちは命運をかけて瀬戸内海の孤島にこもり、くる日もくる日も畑に水を注いではカメラをまわして撮った映画で思い出は深い。『愛妻物語』はわたしの監督デビュー作で、亡き妻へのレクイエムにつくった。これまた忘れ得ぬ作品だ。よくぞこの二本を選んでいただいた。ありがとう」

と独立プロの集団創造について熱く語っていただいた。

上映終了後、監督を囲んでの恒例のレセプションではアルコールをまったく受けつけない体質ながら終始笑顔で、焼酎大好きなわれわれ〝映画青年たち〟の映画談義に耳を傾けられた。はっきりとした大きな甲高い声で、脚本家としての出発のころ、最初の妻との死別と「愛妻物語」の誕生、独立プロ立ち上げとその苦労など映画への尽きせぬ思いを七十七歳というご高齢でありながらまるで青年のごとく若々しく語られたのであった。

翌朝の別れぎわ、いただいた著書『青春のモノクローム』(朝日新聞社刊)に「人吉に映画祭ありて楽しき」としたため「たのしい思い出深い三日間でした。人吉はいい街ですね。ありがとう」と微笑まれたのがきのうのことのようによみがえってくる。九州の一地方都市に映画祭があることがよほどうれしかったのだろうと今にして思う。

ところで、私たち映文協が〝宝もの〟のように大切にしてきたものがある。それは、二泊三日の印象をつづった監督のエッセイである。『二十一世紀の版画』(一九九一年二月)に掲載されていたものを瀬戸致行映文協会長が偶然知り、監督の了解を得て映文協二十周年記念誌『握手』に掲載した。

霧の町の映画祭

新藤兼人

九州の人吉へ行った。この市の映画愛好家のグループ人吉・くま映画文化協会が映画祭を企画して「愛妻物語」と「裸の島」をやってくれるので、招待されたのである。

鹿児島空港から車で一時間余。人吉は熊本県だが、熊本空港より鹿児島空港の方が近いということだ。

地図で見ると九州のほぼまん中の、山の中の人口四万の温泉町だ。陸の孤島といわれてきたそうだが、いまは高速道路が九州を縦貫しているから孤島ではない。

ここの映画文化協会は、ながい歴史と実りある実績をもっていて一年間の準備期間をかけた映画祭で前夜祭のスケジュールも組まれていた。集まったのは小中高の教師、新聞記者、音楽家という人たちで、会長は産婦人科医院の院長である。

前夜祭といっても飲みの会で、球磨焼酎の産地であるここの人たちはみな酒豪だ。飲まないわたしはいささか辟易《へきえき》したが、飲むほどに映画論がケンケンガクガク、つきることを知らない。都会の周辺で映画の話題がさめつつあるときだけに、いつかわたしも引きこまれるのだった。

翌日の会場は市の文化会館である。会員が時間をかけて切符を売ったおかげで満員の盛況。わたしの講演は一時間。独立プロの集団創造について話したんだが、人びとは熱心に耳を傾けてくれた。

「裸の島」は三十年前の作品である。この映画はわが独立プロの、解散を覚悟して作った作品だったが、これでわたしたちは立ち直ったので想い出はふかい。「愛妻物語」はわたしの第一回監督作品で三十八年前の作である。上映がおわって、拍手をきいて、ながい歳月よくよく生きてきてくれた、と二つの作品に熱い思いがわいた。

上映が終わって、パーティがあった。

このパーティがまた熱気あふれるもので、大いに飲み、語る集いである。むりに盛りあげようとする気配はなく、しぜんに人が集まって自然に盛りあがった。切符を売った人と買った人が、一つに溶け合う熱い交流があった。

人吉は霧の町である。盆地に球磨川が大きく流れて、この季節深い霧が発生する。この霧の奥に映画を愛する人びとがいた。

今となってはますますこのエッセイの重みが増す。人吉の映画を愛する人たちへのメッセージとして大切にして映画の灯を守っていきたいという思いは募るばかりだ。

五年前の三十周年記念誌にも次のような監督のメッセージが載っている。

「『生きているかぎり生きぬきたい』というのが私のモットーですが、同じように貴映画文化協会も長い歩みをつづけられて三十年、心より敬意を表します。〝生きているかぎり人吉よ、がんばれ〟」

「背負いつづけてきた荷物を下ろしたい」との思いを込め、自らの悲惨な戦争体験を素材にした「一枚のハガキ」が追悼映画祭となってしまったのはさびしい限りだが、会場を満席にすることが〝人吉よ、がんばれ〟という監督の励ましに応えることになるのだ。みんなで取り組み、目標の五百人には達しなかったものの四百十七人が集い、九十九歳で撮った監督の作品を味わったのだった。

夜は三十五周年記念レセプションを催し、百歳までたくましく生き抜かれた新藤監督の偉大なる映画人生を語り合った。シナリオは二百本、監督作品五十本、著書百冊を超える。数えただけでもその偉大さが伝わってくる。

記念講演は映画評論家、石子順さんの「新藤監督を見つめて――『女の一生』から『一枚

「裸の島」の舞台となった宿祢島と海をイメージした祭壇
（筆者撮影　2012 年 6 月 3 日）

のハガキ』まで」。

「愛妻物語」からでないところが私の話のミソなんだよと私にささやいた石子さん。なるほど期待どおり含蓄のある講演であった。映画祭成功に向けて運営委員会が総力を挙げて取り組んだことが思い出される。

新藤兼人監督の葬儀・告別式が二〇一二（平成二十四）年六月三日十一時半より東京・増上寺光摂殿にて営まれた。マスコミ関係のカメラの砲列の中を祭壇に向かい、祭壇近くの席に着き遺影を見つめた。最後の作品となった「一枚のハガキ」の演技を指導する監督の熱気が伝わってくるような遺影だった。〝映画祭をきっと成功させます〟と心の中でつぶやき遺影に向かって手を合わせた。

祭壇は「裸の島」の舞台となった島（広島県三原市の宿祢島）と海をイメージした白と青の花で飾られていた。

「よくぞこの二本（「裸の島」と「愛妻物語」）を選んでいただいた」

と喜ばれた監督の笑顔と重なって見えた。柄本明さん（俳優）、神山征二郎さん（監督）、佐藤忠男さん（評論家）の弔辞に耳を傾けつつ、巨匠の偉業を偲んだ。

映画センターや日本映画復興会議などで何度も顔を合わせている喪主の新藤次郎さん（プロデュサー）、孫娘の新藤風《かぜ》さん（監督）の両手を握り、「一枚のハガキ」をひとよし映画祭で上映することを伝え斎場をあとにしたのであった。

6　大いなる平和の語り部――早乙女勝元先生

アウシュビッツへの旅

一九八一（昭和五十六）年のある日の放課後、職員室の電話が鳴った。沢田明治さんからだった。「夏休みを利用してポーランドに行かないか」という誘いの電話である。沢田さんは、東京の出版社・民衆社の社長で、私が県教組人吉球磨支部の書記長をしていた時代（一九七一年～七三年）に出会った情熱の塊のような人だ。

当時の教組が主導して人吉新聞に連載中の父母と教師の教育随想「黒板日記」が沢田さんの目にとまり、その出版を打診してきたのが沢田社長との縁だった。執行委員会で出版に協力することを決め、人吉新聞社編で出版。書名は教組支部の教育文化部長の山下完二さんの提案で「どんな子も切りすてんでほしい」に決定。版を重ねて書名が当時の教育課題とも合

支部教研で講演する早乙女勝元先生（人吉東小学校講堂　1976年）

致し全国に広がった。私の処女出版『教育はロマン』は、この旅で沢田社長とコップを重ねつつ、ついその気にさせられ出版されたものだ。

この日の電話のやりとりをたまたま近くで聞いていた先輩の村上ますえさん（国語担当）が「アウシュビッツがコースに入っているのなら私も行きたい！　早乙女勝元さんが団長とはすごい！私、早乙女さんの本、次々に読んでる。連れてって」と言う。この旅はむしろ村上さんから背中を押された形で参加を決断したのだった。

出発の日、成田空港に一行三十四人が一堂に会した。早乙女勝元先生の一家、直枝夫人は小学校教師。中学生の輝くん（現小学校音楽教師）、民くん（現デザイナー）、そして小学三年の愛ちゃん（現映像作家）。東京空襲を記録する会、東京の音楽サークル、出版関係の人々や教師らとメンバーは多彩だった。

ぎっしり詰まった十二日間の旅程の中にナチス・ドイツがユダヤ人を大量虐殺した強制収容所見学が二か所入っていた。その一つが、アウシュビッツ。ガス室、雑居房、独房などをめぐる。立ったままで五、六人を押し込む起立房も見た。めがね、入れ歯、歯ブラシ、義足、義手、鍋、釜などの遺品を陳列してある部屋に入る。髪の毛の山（約七トン）に立ちすくむ一行。この髪で作ったじゅうたんを見てナチスの蛮行が実感として迫ってくる。まったく声も出ない。カメラのシャッターの音だけが聞こえてくる。こんな施設をヨーロッパ各地に九百か所も造ったことに背筋が凍った。三十六年前のあの日がよみがえってくる。

衝撃の地から逃れるように空路ワルシャワへ。旅行最後の夜はポーランド民族舞踊を観賞しながら飲み、食い、歌い、踊った。忘れられないのは偶然同席したイタリア人の観光団との歌声交流だ。私たち一行が音楽教師直枝さんのリードで一斉に「サンタルチア」を歌い始めた。それを機にイタリアの歌と日本の歌の大交流、音楽サークルが大活躍だ。まさに〝音楽に国境なし〟である。

ローマの紳士が日本側のテーブルにかけつけてきて指揮を始めた。やがて私も立ち上がりローマの女性を誘ってジルバを踊る。ことばは通じないのにアルコールと歌の力は二つの旅行団を強く結びつけた。私たちはイタリアの一行より先に店を出た。そのとき私は別れのことばを探した。とっさに、「PEACE　OF　THE　WORLD」と大声で叫んだ。イタリアの一行から大きな拍手と歓声が返ってきた。

行く先々でビールを飲んではだれかれとなく親しく交わる私を見て、早乙女先生は「上田さんはまさにアルコール連帯長ですね」とおっしゃった。当時、ポーランドの自由の象徴的存在だったワレサ議長の労働組合「連帯」と結びつけるとは、さすが作家のネーミングだと思ったものだ。

私は各自バラバラで杯をかわし合う飲み方を否定しないが、私には一人ひとことの発言などでお互いに心を通わせる飲み方をしたがる癖がある。そんな癖を作家の目がすばやくとらえたのだろう。私はいわゆる酒豪ではない。一人で酒場に行ったり、家で一人で飲んだりすることはめったにない。だれか相手がいないと飲まない。酒を酌み合い談論風発を楽しむ飲み方である。酒を飲むその雰囲気が好きなのだ。

思えば一九七四（昭和四十九）年七月三十一日の第二十三回全国作文研究大会の記念講演で「平和と教育を考える――作家として父親として」を聞いて以来、早乙女先生のとりこになってしまった私。このアウシュビッツの旅を皮切りに、世界各国の戦跡に立ち、早乙女勝元平和の旅は三十数回を数える。早乙女勝元編著による記録は『母と子でみる平和の旅』シリーズ（草の根出版会）として、そのつど出版された。私もアウシュビッツの旅以来、つごう十回の旅に同行し、戦争と平和の学びを重ねてきた。

平和の語り部

平和の旅、ルポライターとしての活動とともに、早乙女勝元という作家の代名詞のようなものが二つある。

一つは「東京大空襲」の語り部活動だ。一九四五（昭和二十）年三月十日の大空襲の火の海の中を十二歳で逃げまどい九死に一生を得た早乙女少年は、二十五年後の一九七〇（昭和四十五）年、東京大空襲の記録運動に立ち上がる。そのルポルタージュ『東京大空襲――昭和二十年三月十日の記録』（岩波新書）は今なお版を重ねているベストセラーだ。

もう一つがベトナムのダーちゃんと旅先で出会ったことをきっかけに『ベトナムのダーちゃん』（童心社）を出版し、ベストセラーとなり、その印税の大半をベトナムへ送りつづける。ベトナムと早乙女先生の関係は、切っても切れない関係となる。ダーちゃん関係の著書も多い。『ベトナムのダーちゃん』は古谷一行主演で映画化された。二〇〇四（平成十六）年の早乙女先生八回目のベトナム訪問の旅に同行した私は、ダーちゃん一家（夫、三人の娘さん）と親しく交流することができた。

人吉市で講演する早乙女勝元先生（2008年5月2日）

前述したように一九七四年、初めて早乙女講演を聴いて以来、大の早乙女ファンとなった私は全国各地での講演を二十回近く聴いたように思う。流れるようなわかり易い語り口で、戦争の悲惨さと平和の尊さを具体的事実を示して語りかける早乙女講演をより多くの人と共有したいという思いで、二〇〇八年の五月憲法記念講演会講師として四回目の人吉入り。演題は「生命・平和・かけがいのないもの・守ろう憲法九条」であった。

「旅行仲間の村上ますえさんや上田さんが住んでいる人吉に私も行ってみたい」と直枝さんが先生に同行。講演後の講師を囲む会にも同席し、「私は村上ますえさんの案内で市内観光していましたので講演の感想は述べられません。夫の講演会を取り組んでいただいた皆さんに感謝をこめて一曲歌います。『ベトナムの鳥追いうた』です」と言って得意の歌声を披露した。

元気いっぱいだったのに、直枝さんはその一か月後に急逝。それも音楽サークルの会合のさなかだったという。

最愛の伴侶に先立たれた先生の衝撃はいかばかりであったか。その悲しみを越え、講演や執筆にエネルギッシュに活動。なかでも直枝夫人を追悼した『もしも君に会わなかったら』（新日本出版社）は胸を打つ。先生との交流もすでに四十年を越えた。

4章　今、教育が抱えているいくつかの問題

1　いじめと自殺をめぐって

残忍かつ陰湿な原発いじめ

「いままでなんかいも死のうとおもった。でも、しんさいでいっぱい死んだからつらいけどぼくはいきるときめた」

これは東京電力福島第一原発事故で福島県から横浜市に自主避難した男子生徒（中一）が、小学六年当時の二〇一五（平成二十七）年七月に書いた手記の一部だ。

新聞報道によるとこの生徒は、転入先の横浜の小学校でいじめを受けて不登校になった。学校や加害者側と話し合いをするなかでノート三ページにわたりいじめられた事実やその悔しさや憤りをくわしく書いた。賠償金をもらっているだろうと金銭を要求されたり、ばい菌と呼ばれたりするなど原発事故とかかわらせたいじめに傷つき、彼らに反論、抵抗できなかったことの悔しさを切々とつづっている。

冒頭の文章にあるように「ぼくはいきる」と決めたこの生徒に〝よくぞ〟という思いのいっぽう、震災による原発事故後、小二から小五までつづいた残忍かつ陰湿ないじめによってかけがえのない少年時代を奪われたうえ耐えきれず不登校となり、死にたいという思いになった事実に胸がかきむしられ、怒りが込み上げてきた。この生徒が「手記」につづったことによって「原発いじめ」という、あってはならない憎むべき事実が明るみに出た。

東京新聞（二〇一七年三月九日付）によると、この男子生徒は「いじめに苦しむ子どもたちに向けたメッセージ」とともに、自らのつらい心情をつづった小学六年当時の手記の全文を公表した。昨年十一月に一部が公表されていたが、生徒の感情があらわになっているとして、代理人弁護士らの判断で大部分が黒塗りになっていた。今回本人と両親の希望で公表したという。

この生徒が受けたいじめの実態を知り、生徒の怒りやつらさを共有していただくために同紙記事の前半を引用しておきたい。

生徒側によると、手記は生徒が不登校だった二〇一五年七月に書いた。計百五十万円とされる小学校五年時の金銭授受を巡り、生徒側が加害者側と返還交渉している時期で、加害者側から「もう連絡してこないで」と告げられ、生徒が書き殴るように記したという。新たに明らかになった部分では、複数人からいじめられ、「しえんぶっしをとられてむかつく」などと、つらい心情を書き並べている。生徒側によると、金銭授受前に受けた暴力被害を担任に訴えても対応してもらえなかった。さらに担任は、生徒らを指導する際に机をたたく、怒鳴るといった怒り方をし、いじめに加え、こうした担任の態度も、小学五年の五月末から不登校になった原因という。

手記では「学校も先生も大きらい」と、学校への不信をあらわにしている。（後略）

なお、現在はフリースクールに通っているこの男子生徒は二〇一七年三月八日、新たに手記を公表した。

今、僕は楽しく生きています。一日一日前向きにいれば何とかなります。だから、つらいことがあっても自殺を考えないで下さい。もし自殺したら何があったかほかの人に伝える事も出来ない。それに今は学校に行きたくないなら、僕みたいにフリースクールみたいな場所もあるから、そこに行って勉強するのもいいです。環境になれなくてもゆっくり自分のペースでなれればいいです。だから自殺は考えたらダメ。

などと全国のいじめ被害者に呼びかけている。

「自殺は考えたらダメ」という生徒の強いメッセージを読みながら、思い浮かんだのが、一九九四年十一月二十七日深夜、いじめを苦に自宅裏庭の柿の木にロープをかけ首吊り自殺した愛知県の中学二年生、大河内《おおかわち》清輝くんのことだ。

清輝くんの遺書には、いじめの実態、家族への感謝の気持ちがくわしく書かれていた。その遺書の全文を中学校教師定年退職後、非常勤講師として十年間務めた熊本大の教育学「学校再生を考える」や人吉看護専門学校の教育学「子どもの人権と教育」の講義で毎年読み、感想を出し合った。十三歳の命と引きかえに懸命にいじめの悲惨さ残忍さを訴えた清輝くんの叫びを学生たちに伝えたいと思ったからである。

●読んでいて苦しくなりました。常に〝自分が悪い〟と責めているのは彼の優しさからくるのではないでしょうか。

●大河内君は友達がいなかったのかなあと思いました。学校にいじめた人間以外につながっていく人間がいなかったのなら、大河内君にも原因があると思います。

●「もっと生きたかったけど」「まだ、やりたいことがたくさんあったけど、……本当にすみません」ということばに涙が出そうになりました。

い出す。この三つの感想からもわかるように、学生の感想は多岐にわたっていた。なかでも毎年かならず出てきたものに、二番目の学生のような「大河内くんにも原因があるのでは――」という感想である。これを放置していてはいじめ問題の解決は図れないと考え、時間をかけて討論してもらい、いじめる側が悪いという結論を導き出すようにしていた。

「いじめられた子が相談に行くのは保護者、担任、カウンセラー、友だちの中で誰がいちばん多いと思うか」と問いかけ、挙手で確認すると、大多数が「友だち」に手を挙げた。ある調査でも「友だち」が最高の58・7％だ。この友だちが単なる〝群れ〟でなく〝集団〟となったとき、いじめ克服に大きな力を発揮する。

私はこの「いじめ問題」の講義のまとめとして、本音が言え、手をつなぎ合う（連帯感）学級集団づくりがいかに大切かを説いた。本書でも何度も述べてきた学級、学年集団づくりの目標「一人はみんなのために、みんなは一人のために」を集団の中に具現化することである。その一例として、いじめられていた甘えん坊の浩一が集団の中で少しずつ変革していく様子を述べてみたい。

いじめられっ子・浩一

一九八一（昭和五十六）年、錦中に転勤早々担任した三年のクラスに二年のとき屋上の防御網をはい上がり、飛び降り自殺をはかろうとした鈴木浩一（仮名）がいた。前担任が言った「はぐれ鳥だから」ということばが妙に気になっていた。浩一が班ノートに、

「今日、一週間ぶりに学校にきました。きたそうそういやなことがありました」

と、靴をカッターで切られたいたずらや机の落書きのいたずらを訴えたあと、こう結んでいた。

「ぼくは力もないし、強くもない。走ればいつもビリ。なんのとりえもない人間だからやむを得ない。もう少し、力や勇気があったならなあとしみじみ思う。いやなことばかりあって、おもしろくないなあ」

新学期早々から〝頭が痛い〟〝腹が痛い〟などの理由で欠席を重ねていた浩一が、一週間ぶりにようやく登校し、嘆きつつ書いた一文である。

「上ばきをカッターで切られたり、机に落書きをされたり……くやしいだろう」

こう話しかけただけで浩一は目にうっすらと涙を浮かべた。

「このことは午後の学活で取り上げるよ。〝学級だより〟にも載せてもいいかい」

と問うと、うなずきながら、涙をポタポタ落とすのである。

転勤してすぐの三年担任で、子どもたちのことを十分把握していなかった私は、可能なかぎりの情報（指導要録や前担任の話など）をもとに、浩一の言動に注目していたのだった。私は浩一がようやくつづったこのつぶやくような訴えを、早い時期に学級集団の中に返さなければならないと思いつづけていた。

浩一がふたたび欠席した。しかし、あい変わらず誰も気にしない。私はその日の午後の学活で、こんな話をした。

「この学級に〝学級がおもしろくない〟と言っている人がいる。君たちは、それが誰であるか見当がついているだろう。そんな友だちが一人でもいることは、学級として問題だ。鈴木くんが喜んで学校に来るような取り組みをしてほしい」

と言ったあと私は、

「この学級は、鈴木くんが何日休もうが、誰も気にしないようだ。冷たい学級だな……」

と、皮肉っぽくなじってから浩一の文章を読みあげた。

翌日のノートには、浩一のことが一斉に書かれていた。

私は、これらの文章のいくつかを学級通信「さかみち」に載せた。その一人は、こう書いている。

鈴木君のうわばきにいたずらした人はわかりませんが、してあったことは知っていました。「うわ、かわいそうだな」とは思っていましたが、それをどうこうしようとは何も考えませんでした。そして、今日、先生の話を聞いてから、「ああ、何かしてやればよかった」とつくづく思いました。私は鈴木君がきらいというわけではないけれど、「何を話したらいいのか、何を話せばいいのか」さっぱりわかりません。だから、なんとなくさけてしまうんです。それがいけないのかもしれません。だけど、鈴木君も自分のからにとじこもらず、もっと、みんなと接していいのではないかと思います。（白石京子）

私は、その後の学級通信「さかみち」に次のようなことを書いた。

「前号に、鈴木君の文章を紹介しました。鈴木君は〝学校がおもしろくない〟といっています。上ばきや机への悪質ないたずらは、もちろん許せないことです。落書きは、書いた生徒に消させました。上ばきのいたずらは、残念ながら名のりがありません。〝学校がおもしろく〟ないという仲間がひとりでもいることは、学級の問題です。鈴木君が、よろこんで学校にくるようなとりくみをしてほしい。班長会では、欠席中（一週間）の授業メモを作って渡すことを決めました。斑ノートには、鈴木君への励ましや要求の文章が次々に書かれています。彼らは今、〝二人はみんなのために、みんなは一人のために〟という、学級目標にそって活動をはじめました」

〝一人はみんなのために、みんなは一人のために〟は、私が担任するクラスが、このころ掲げていた学級目標である。和気あいあいと見える子どもたちも、最初のうちは孤立したバラバラの個の集団にすぎない。年々、そういう傾向が強くなっている。みんなで協力するという場面が、地域や子どもの生活の中からどんどん消えてしまっているのだから、当然といえば当然である。〝ひとはひと、われはわれ〟なのである。これでは真の集団は形成されない。私のクラスづくりは、〝自分のことと同じように仲間のことも考える〟ことを目ざして出発する。

私は、白石京子の「何かしてやればよかった」という素直な反省と、「どうしてよいかさっぱりわからない」という箇所に注目した。これはクラスの大多数が持っている気持ちを代弁していると見たからである。それはまだはっきりした強い意思ではないが、みんなの気持ちの中にそういった素晴らしいものがあることを自覚化させ、行動化させなければならない。そして、このことをみんなで考え合えるようになれれば、学級目標が一歩みんなのものとなるのである。

数日後の班ノートに、松永泰彦が次のような一文を書いた。松永は鈴木から嫌われている中のひとりである。

……おれはあんまり一、二年のときの鈴木君のことは知らない。ただ、ちょくちょく職員室に用件を作っては行っていた。それをしかたなく受け入れる先生も先生だが、鈴木君もそれに慣れてのめり込んでいく。だから、みんなと顔を合わせることが少なくなる。クラブにも入らなかった。それでクラブの友達もできない。一人でいるから話しかけにくい。それだけならそれでよかったんだが、今度は先生と仲が良いのをいばるようになってきた。プリントをいばって配る。ことづてをいばって伝える。こうなっては、強いやつがだまってはいない。ブッたたいてやりたくなる。鈴木君は逃げる。友達ができるわけがない。職員室に入りびたる。鈴木君を職員室から引きずり出し、教室に入り込ませることが大切だと思う。

適切でするどい指摘である。私は、彼が浩一を集団の中に引きずり込みたいと思っていることに共感した。

私は次のような赤ペンを入れ、彼の考えが具体化することを期待した。

「貴重な、しかも適切な意見ありがとう。私も賛成だ。これまで私も〝今、学活のチャイムがなったよ〟〝その話は教室で、後で聞くから〟などと言って、教室に帰していました。彼は、学級集団の中で、たくましくなるべきです。ぜひ、職員室から〝引きずり出して〟ほしい。そして、あたたかく手をさしのべてほしい……」

新任の私より、浩一の性格をよく知っている彼らは、あの手、この手で浩一を力づけようと努めた。やがて、班ノートにこんな文章が書かれるようになった。

あれ以来、みんなの鈴木君への態度ががらりと変わったようです。大勢の人は思いやりの心を持って接しているようです。たとえば、朝、元気な声でオースッと叫んだり、肩をポンとたたいたり、話しかけたりしている。彼も少しずつ笑顔をとりもどし、明るくなってきていることはまちがいないと思います。鈴木君、もっと自信を持ち明るく伸び伸びやろう。一日でも早く、自分の悩みを打ち明けられる友人を作ろう。悩みがあるなら堂々と打ち明けてみな。すっきりするぞ。だれでも、力になってくれるさ」（川上弘一）

いじめ克服と集団づくり

しかし、〝鈴木いじめ〟が学級から、あるいは学年から一掃されたわけではなかった。松永は、鈴木のぐずぐずしたはっきりしない態度がよほど気にくわないらしく、午後の学活の意見発表や学級会などで、厳しい意見を述べた。そのたびに、鈴木は目にいっぱい涙をためてうつむいていた。

彼らは、〝鈴木は変わった〟〝明るくなった〟と言うが、私の目から見ると、決してそうではなかった。彼は自分の弱さを克服していなかった。みんなから話題にされ、愛想笑いが多くなっていただけである。その証拠に、こっそりと私に手紙を出しつづけていた。

彼は授業や学活を終え職員室に向かっている私のあとからそっと近づいてきて、小さく折りたたんだ手紙を私の背広のポケットに投げ込むのである。私はその手紙を一読はしたが、特に反応は示さなかった。返事も意図的に書かなかった。それでも、ポケットへの手紙の投げ入れがつづく。九月までに約二十通を受け取った。主な内容は次のようなものである。

①　クソ松永がいやがらせをいったり、頭をたたいたりします（僕無抵抗）。……先生は相談にきても〝仕事だ、仕事だ〟といって相手にしてくれません。相談相手になってください。

②　先生、学校にきたくありません。休みたいなあ、……一人で悩んでいるってほんとうに苦しい。先生どうにかなりませんか。……先生助けてください。返事ください。

③　先生、もういやだな。理由はぼくがみんなと遊んでいると、早川君がすぐいやみをいう。……もう頭にくる。ああ、学校がおもしろくないなあ。

④　……食欲がなくなり、体がだるく、勉強に身が入りません。……もうすぐ楽になりま

すから。

⑤　先生、あきらめてくださってありがとうございます。これで、だれにも迷惑をかけないで××××××ます。ありがとうございました。

〝自殺〟をほのめかした手紙を受け取ったときは、前歴があるだけに私の心も穏やかではなかった。それとなく家庭と連絡を取りながらも、本人とはきわめて淡白なかかわり方をしつづけた。もし私が、そのつど浩一に手紙を書いていたら、教師と生徒の交換日記風のものとなり、私が彼のペースにまき込まれていたかもしれない。甘ったれでプライドの強い彼は、ますます自分のからにとじこもり、クラスから離れていくだろう。私の返事は自分の虚栄心を満足させる小道具になりかねない。そうなれば、それだけ彼の自立は遅れることになる。彼にいま必要なのは、自分の問題に自分で対決する自覚である。

私が返事を書かないのを、浩一は〝先生は冷たい〟と言ってなじった。しかし、口頭であっさり対応するように努め、深入りはさけてきた。松永が書いているように、〝職員室から教室へ〟と私も考えていたのである。

学年ＰＴＡ主催で、学年キャンプをやることになったとき、浩一は早々と不参加を決め込んだ。一年のときも二年のときも彼は参加していなかったという。私は、なんとかして彼を参加させたいと思った。浩一が参加すれば、目標である〝全員参加〟も達成する。私は、班長会に浩一を参加させる取り組みを指示した。彼らはねばり強く説得をつづけた。

それから数日後の昼休み、班長たちに連れられて浩一がやってきた。

「先生、浩一もキャンプに参加します」

委員長の戸村がうれしそうに声高にこう告げた。浩一はそのそばでにこにこと立っていた。浩一にとっては〝初参加〟のキャンプである。私は、集団生活の中で浩一の〝自立〟へのきっかけを作りたいと思った。実行委員会は、キャンプファイヤーの「火の神」に小さい体の浩一を選んだ。浩一も引き受けた。ところが、また、手紙である。

「先生、キャンプの火の神のことが心配です。いつも不安で眠れません。先生、火の神のことについて色々教えてください。お願いします」

これは八月四日の手紙であるが、これまでの手紙とは少しちがう。「火の神のことを教えてください」という意欲が見える。今までの浩一だったら、「やめます」と書いていたかもしれない。学級や仲間の援助が、彼をここまで前進させたのだ。そして、浩一の私への手紙は、九月二十一日付をもって絶えた。

二学期。受験のやまばを迎えた。教え合い学習を、学級活動の中軸にすえた。浩一にも、学習リーダー（小先生）をつけた。浩一は、工業高校を志望校に決めて、勉強をはじめた。〝小先生〟にも熱心に質問するようになっていた。教え合い学習を通して、学級にもしだいに溶け込んでいった。

いよいよ進路決定のとき、級友たちは、浩一の工業高校志望について、口々に意見を言った。「浩一は工業に行くと、またいじめられる」と言うのである。「工業は浩一に向かない」とも言う。浩一は迷ったあげく、農高の食品加工科を選んだ。自分で決断した初めての〝選択〟であった。

卒業式の翌日の合格発表の日、彼らは底抜けに明るい笑顔で職員室にやってきて、〝全員合格〟を喜び合っていた。浩一も小型カメラを持ってきて、私たち職員を撮っていた。明るく元気になった浩一に、私は握手を求めた。

「浩一、いよいよお別れだな。もう、明日からおまえもここに来ない。後ろを振り向かず、前進あるのみだ、浩一」

私は感慨を込めて浩一の肩をたたいた。浩一は、私の机の上に大粒の涙をポタッと落とし、口をぐっと食いしばっていた。

浩一には後日談がある。農高では意欲的に勉強し、和菓子やケーキづくりに抜群の力を発揮した。〝菓子づくりの天才少年〟ともてはやされ、新聞・テレビにもたびたび報道されるようになる。そして、各小中学校ＰＴＡ、母親部の「お菓子づくり講習会」の講師として、担任に連れられてまわった。

母校の講習会にやってきた浩一の言動は堂々たるものであった。あの「いじめられっ子」の浩一がこんなに――。浩一は自信にあふれていた。そのおり浩一はこう言った。

「先生、中学のときは、みんなにお世話になりました。うれしかったです。ぼくは食品加工に進んでよかったです」

この一言に浩一の自己変革の秘密があると、私は手前勝手に確信している。

卒業後、彼は京都の老舗で和菓子づくりの修業を積んでいる。まさしく子どもは集団の支えの中で自己変革するのである。

前述した愛知県の清輝くんの遺書を読み返すたびに思う。浩一のように、学級、学年集団に囲まれていたら、今ごろは働き盛りの優しい父親になっていただろうに――と。

いじめ自殺をのり越えるために

定年退職して二十年。いじめ問題はますます深刻の度を増している。ニュースを聞くたび、読むたび、心が痛む。

私が浩一と出会って数年後の一九八六（昭和六十一）年二月一日、あのおぞましい〝葬式ごっこ事件〟と言われた鹿河裕史《しかがわひろし》くんいじめ自殺事件が起きた。この事件を頂点に一九八五年から八七年ごろまでがいじめ問題の第一のピークと言われていた。

さらにその数年後の一九九四(平成六)年に清輝くんが無念の死を遂げたのだ。清輝くんを頂点にした九四年から九六年ころを第二のピークと私たちは呼んできた。

錦中では鹿河くんの、北中では清輝くんのいじめ自殺事件を事あるごとに生徒たちに語りかけ、いじめがいかに非人間的で卑劣な行為であることかを説いたのだった。いじめはいかなる理由があろうともいじめる側(加害者)が絶対に悪いこと、見て見ぬふりの傍観もいじめの側にいるのだということもつけ加え、口酸っぱく言い聞かせた。

私自身の小中学校時代の同窓会(太田郷小、八代二中)の後で詠んだこんな短歌がある。

吾《あ》をいじめし奴もきている同窓会苦き思いに視線をそらす

我がいじめし友の顔見ゆ同窓会杯かわす勇気生まれず

六十年以上も経っているのにいじめられたときの心の傷跡はいくら時間が経っても癒えないのである。いっぽう、いじめた側にも心の傷は深く残り、会うたびに謝っても謝りきれない思いにさいなまれる。いじめの記憶は生きている限り消えないほど罪深いものなのだ。

私たちの世代が退職した一九九八（平成十）年以降、いじめは沈静化したかに見えた。が私は、清輝くんのような犠牲者を二度と出してはならぬの思いを持って、前に述べたように清輝くんの遺書を教材として生かしつづけた。

ところが、二〇〇五（平成十七）年九月、北海道滝川市の当時小学六年の女児が遺書（七通）を残して教室で首吊り自殺を図るという衝撃的な事件が起こり、翌〇六年の一年間だけで十二件（うち未遂が二件）のいじめ自殺が報道された、まさに〝自殺の連鎖〟の年であった。この時期を第三のピークと教育界、マスコミ界では呼んでいる。

二〇一一（平成二十三）年十月十一日、滋賀県大津市の中学二年の少年が自宅マンションの十四階から飛び降り自殺を図った事件以降、いじめ自殺報道がつづく。胸がはりさける思いだ。

このようにいじめによる自殺が後を絶たないなかにあって、冒頭に挙げた悪質きわまる原発いじめにあった少年が、「ぼくはいきるときめた」と決断してくれたことを心底うれしく思う。

いじめ自殺をのり越えるための私の現職からの持論は〝仲間づくり〟である。いじめを許さぬ正義の集団を子どもたち自身の力で作り上げることだと思う。

ここに挙げた浩一には「班ノート」という苦しみや悩み、あるいは甘えを本音で書きつづる場があったし、担任の私に安心して手紙を渡すという関係が保たれていた。それを担任の私が学級集団に返したことで、浩一のことが学級全体の問題になって解決した。

問題はいじめられていることを誰にも言えず苦しんでいる子にどう対処するかだろうが、この解決にもいじめを許さぬ学級学年集団づくりに向かって教師集団が心を一つにして取り組むことだろう。一人ひとりを大切にする人間尊重の心が行きわたった学級をめざせば〝いじめのない学級〟はきっと自分のクラスにできると、私は確信している。

しかし、今、学校はどうなっているのかという疑問も湧く。前にも述べたが，人事考課制度の導入で、学級担任はいじめが起こると、この制度によって評価が下げられるため、いじめの報告をしなくなるし、いじめをいじめと見なくなるのではないか、まやかしの〝いじめゼロ〟が現実化する。競争原理にもとづく成果主義やこの人事考課制度が教育現場を支配している限り、「いじめの隠蔽」がつづき、日本の学校はまさに病みつづけると言わざるを得ない。

2 教えることは学ぶこと

先生　　河野広光（熊本市龍南中三年）

学校には、いろんな先生がいる
自分の授業がへたなのを、
生徒のせいにする先生。
生徒の名答をまぐれとけなす先生。
生徒がバレーをしていると、
割り込んで自慢する先生。
みんなの前でヒステリーになる先生。

くだらない質問をして、
生徒が困るのを楽しむ先生。

図星をつかれると、
へ理屈で逃げる先生。
ほかのクラスでは黒板に書いたことを、
ぼくたちのクラスでは、
書かずに手抜きする先生。

ぼくがこれを書いていたら、

「ぼくは、どれにあてはまるかなあ」

と、にこにこ話される先生。

反対に、

「先生を差別するな」

と、どなる先生もいる

（一九七五年十月　指導　八木　孝）

中学生になると人を見る目も確かなものとなり、ものごとを深く見抜く力や批判力がついてくる。この詩は中学二年生の詩だ。なんと鋭く教師を見抜いていることか。教師のみにくさ、弱さをズバリと言いきっている。私自身が言われているようで、襟を正さずにはいられない詩だ。

彼らは教科ごとに替わる教師たちを一個の人格としてとらえてこのように批判する。子どもからおとなへと移る世代の中学生には教師はまさに社会人の典型として映るのだ。親以外のおとなではもっとも多く接するのが教師である。したがって親以上に身近な存在である。激動期の子どもたちにとって決定的な影響力を持つといっても過言ではない。いや、私たち教師が想像できないくらい大きな存在なのだという認識を持つことが大切である。

〝自分にはそんな強い影響力はない〟などと照れていてはいけない。若ければ若いで、年を取れば取ったで、男性なら男性で、女性なら女性で教師の子どもへの影響力は大きいのである。

特に若い教師からの影響力は多方面にわたる。いろいろなしぐさ、ことばづかい、ひいては字体まで似てくるのだ。生徒たちが意識してまねているのではないのに自然と似てくるのだ。私の新卒時代にもそんな覚えがある。

そのように強い人間的な影響力を持つ教師の〝ひとこと〟がその生徒の一生を左右することがあることも事実だ。

私も長い教職の日々のなかで私のさりげないひとこと、無意識のうちに吐いたひとことが多くの子どもたちを傷つけたにちがいないと思うと、忸怩《じくじ》たるものがある。教育とは恐ろしくかつ厳しい仕事だとつくづく思う。

1　魂の技師、学問の導き手としての教師

教師の勝負どころはもちろん、日々の授業である。教師は誰でも、一時間、一時間の授業に全力で取り組む。うまくいったときの授業ほど気持ちのよいものはない。疲れもふっ飛び、その日は爽快だ。ところがいくら力んでも生徒がのってこないときの授業ほどいやなものはない。そんな授業をした日は一日じゅうおもしろくない。ぐったり疲れてしまう。教師はそんな日々をくり返しながら教師の年輪を重ねていくのではなかろうか。

ところで、生徒たちは〝好きな先生〟の条件にかならず、〝わかりやすい授業をしてくれる先生〟をあげる。生徒がいかに強く〝わかる授業〟を求めているかがこのことからも明らかだ。

私は少なくとも、学期ごと、場合によっては教材が終わったあとで、「授業の感想」を書いてもらうことにしていた。「なんでも遠慮なく書いてくれ。これからの授業の参考にするから……」などと言って書いてもらう。生徒たちの感想を読むときは、さすがに緊張する。まさ

に〝先生のつうしんぼ〟である。

たとえば、

●もっと考える時間を与えてほしい。
●わかりやすく説明してほしい。
●質問したあと、自分で答えないでほしい。
●黒板の字をきれいに書いてください。
●学習班を作っているのに班での話し合いが少ない。
●すぐカッとなるのはやめてほしい。
●大声でどならないでほしい。
●チャイムが鳴ったらすぐやめてほしい。

など、たくさんのことを言われてきた。授業の弱点をズバリと言いあてていて、胸の痛くなることがしばしばだった。私たちはこのような生徒の批判を糧として、授業の質を高めていかなくてはならない。

〝授業の質を高める〟とは、ただたんに教科書をまるごと教えるという知識つめ込みの授業を指しているのではない。そうした授業からは〝ほんとうの勉強とは何か〟を教えることもできなければ〝人間の生き方〟を学びとることもできない。授業を通して、子どもたちがわかる喜びを味わい、人間の素晴らしさを感じ取り、人間への限りないロマンをかきたてるような授業は〝教科書で教える〟という教師の積極的姿勢から生まれてくるのだ。〝教科書で教える〟ためには子どもたちにとっての身近なすぐれた教材をどんどん掘り起こし、学ぶ喜びを味わわせることが大切である。

私たち教師は知識を切り売りするロボットではない。〝魂の技師〟として、〝学問の導き手〟として、子どもの前に立ちたいものである。

すぐれた教育技術と人間としての魅力を兼ねそなえることこそ、学問の導き手としての条件であろう。

2　正義と社会の体現者としての教師

子どもたちは教師というレンズを通して社会を見る。教師がどんな人生観を持ち、どんな社会的行動を取っているか、社会の矛盾とどうたたかっているか、その生きざまを子どもたちは敏感に感じ取る。そして教師がめざしている社会に同化していく。だから教師の生きざまは生徒に強い影響を与える。

平和で民主的な社会を実現するために、積極的に行動しようとする姿勢を教師が持っているかどうかはきわめて重要なことである。教師はまさに社会の体現者なのだと思う。たとえば、核の脅威の中でどう生きようとしているのか、平和を守るためにどう行動しているのか、憲法九条や原発、震災などについて生徒に話すことは、未来に生きる人間としての方向を生徒たちに具体的に示すことになる。

私が先生になったとき　（作者不詳）

私が先生になったとき
自分が真理から目をそむけて
子どもたちに本当のことが語れるか

私が先生になったとき
自分が未来から目をそむけて
子どもたちに明日のことを語れるか

私が先生になったとき

自分が理想をもたないで
子どもたちに胸を張れと言えるか

私が先生になったとき
自分がスクラムの外にいて
子どもたちになかよくしろと言えるか

私が先生になったとき
一人手を汚さずに自分の腕を組んで
子どもたちにがんばれと言えるか

私が先生になったとき
自分の戦いから目をそむけて
子どもたちに勇気を出せと言えるか

教師がスクラムの外にいて、子どもたちに〝仲良くしろ〟と言えるはずがない。

ところで、私は、生徒たちから〝世界一忙しい男〟などとひやかされていた。地域の文化活動や諸会合に走りまわっているようすを彼らなりに感じ取っていたからだ。中学生になると、その忙しさがどんな中身なのかもほぼ理解してくれる。そして、〝先生に負けんようにがんばらねば〟と自らを励ますのではなかろうか。教師が社会の体現者として生きるとき、生徒にいろんな形で教育的影響を与えていくのだと思われる。

どんなしらけた子も、その心情はきわめて純粋であり、人間らしく扱われたいという思いを持っているものである。人間信頼も人間関係も教師の生きざまとかかわって子どもの中に自然に育っていくもののようだ。

3　人間として魅力のある教師

教師の魅力、それはとりもなおさず人間としての魅力である。

その人の前にいるだけで心ゆたかな雰囲気をかもしだす人がいる。私が小学生時代（四年〜六年）に教わった吉井清先生もそのお一人だ。

先生の場合は、酒もたばこもやらず、くだけた言い方も一切なさらない。きまじめな方であった。教え子の私たちにもじつにていねいなことばづかいをされる。私などは生徒がいくつになっても、名前は呼び捨て、ことばづかいもぞんざいである。これではいかんと反省しながらも、つい地が出てしまい、なかなか直らない。吉井先生のこのような言動は生徒を一人の人間として尊重するという徹底した姿勢から生まれているのだと思われる。

　私は先生のご存命中、いろいろなことで壁にぶつかると先生のお宅を訪ねていた。そして近況報告をしたり、愚痴をこぼしたりするのである。そのうちに心が和んでくるからふしぎだった。

　先生は決して多くを語られない。私のおしゃべりにうなずき、そして、ポツリポツリと語られる。そのことばの重みに私は感動する。ことばの一つひとつが光っているのである。ときおりいただいたお便りも味わい深いものばかりで、何回も読み返さずにはいられない。

　これらのことばの一つひとつが先生の磨かれた人格からほとばしり出ているのだ。子どもをしんから愛する熱情、やさしさ、温かみから自然に噴き出してくるものだと思う。先生は、いつも真摯に学問の道を探求する姿勢をくずさず、人間の生きるべき道を探求しておられた。求道の心の強い方であった。先生のいぶし銀のような人間味は、〝人間とはなにか〟〝教育とはなにか〟と、常に道を求める真摯な生き方から生まれているのだと私は思う。

　私たちが卒業するとき、保護者にあてられた吉井先生の挨拶文を私の母は大切に取っていた。少し長くなるが引用したい。先生が三十二歳のころのものだ。先生の深さに今さらながら驚かされる。

春秋の移りはまことに夢のような思いが致します。おしっこをしたり、だだをこねたりして困らせて居たはずの子供達がどうでしょう。もう私と肩をならべて背くらべをしてみるようになっています。

かなをやっと一字々々拾いよみして居たものが、ごらんなさい、むつかしそうな辞典や百科全集をめくってみたり、青い鳥や諭吉伝に読みふけったり、或時は一かどの理論家らしく討論に花を咲かせるようになっているのです。

私達が「子供だ、子供だ」と思っているうちに、子供達はさっさと「青春の扉」の前にあゆみよって、そのハンドルに手をかけようとして居るのです。

花咲き、花散り、ここに亦幾春はめぐり来て、お子様達が「小学生」と呼ばれる日も、あと数日をかぞえるばかりになりました。お父様お母様の感慨の程お察しいたします。

この六ヶ年は子供達にとってはまことに多難な月日でした。戦時中、戦後の混乱と空白、生活の窮乏と、制度の変革、激しい社会変動中の生い立ちでした。しかし、そうはあっても子供達にとってはそれが只一つの生きて来た道であり、何ものにもかえがたい思い出の月日なのです。

「人は若き日の思い出に生きる」ものであります。子供達の今日一日の生き方を、やがてかえりみる日に「わが青春に悔いなし」「たのしい生活でした」となつかしき思い出の月日たらしめるように心をくばってそだててやることこそ私達父兄、教師の大切なつとめではないでしょうか。人生の営みの一切は、ただ思い出の彼方のものと化し去ります。人間の最後にのこるもの、それが「思い出」であります。（中略）

教育とは人間をつくることであると言われます。人間をつくるということは人間に「深き人生の意味」への目ざめをあたえて行く事です。

子供達の巣立ちを前に私達は今一度深く教育の意義を考えてみたいと思うのであります。そこに思いを致す時、私は「親切な人生の案内者」たるべき自己の職責をどれ程果して来たろうか？と心淋しく子供達に対しても御父兄に対しても申しわけない思いで一ぱいなのでございます。

せめてのこされた此の数日、私達父兄教師が協力して少しでも子供達の少年、少女時代の最後に美しい夢をのこしてやりたいものだと思います。それを私達が、子供達の新しい門出にささげる心の花束と致しましょう。

つたない文章で失礼しました。かわいい子等の卒業前に、想いの一端を記して、お父様、お母様へのおよろこびの言葉にかえさしていただきます。

昭和二十五年三月二十一日

八代市太田郷小学校六年三組担任　吉井　清

教師の魅力、それは、人間の魅力なのだと私はくり返し言いたい。

小学生時代、吉井清先生のような人間的魅力あふれた先生にめぐり会えた私は、今、多くの仲間たちに支えられて教育の仕事にたずさわっている。その仲間たちの多くは魅力ある教師たちである。私は彼らからじつに多くのことを学んでいるのだ。

i　その子の目となり耳となれる教師・山下完二さん

〝完ちゃん〟こと山下完二さん（現人吉球磨の戦争遺跡を伝えるネットワーク代表）は、上村小皆越分校（二〇一一〈平成二十三〉年廃校）で難聴児の真一君と一対一の教育にたずさわっていた。彼は教育委員会の要請に応えて普通学級からすすんでこの分校に入った。彼には障がい児学級担任の経験があった。その経験を生かして、難聴児である真一君の全面発達の手助けを決意したのだ。

山下さんは古くからの作文の会の会員である。例会にやってきては、真一君がことばや文字を獲得していく経過を報告していた。ねばり強さで定評のある彼は、まったく聞こえないのか、少しは聞こえるのか、その行動からは推し測ることさえできなかった真一君に文字を教え、計算を教えるため、実践を積み重ねている。そして、真一君が自分から文字を書いたときの感動を、そして計算したときの喜びを声をはずませて報告するのであった。

「顔の絵に、みみ、め、はな、くち、あたまと、ことばを入れさせることができるようになりました。指文字や口形で示すと、ひらがな五十音は書けるようになりました……」

そこには、彼の報告を感動を持って受けとめ、彼を励ます作文の会の会員がいた。ある意味では孤独な実践をつづけている彼にとって、作文の会は活力を取り戻す場でもあった。

なお、彼は真一君との意思疎通をよりいっそう確かなものとするため、一日の勤務のあと、三十キロ離れた人吉へ車を走らせていた。手話を習うためだ。一人の聴覚障がい児の教育にたずさわるために、彼の行動範囲はこれまでとはかなり変わった。各地の難聴児関係の講習会にも積極的に出かけていた。

地域では、そのころ読書会、子ども会の指導、子ども劇場、映画運動などと幅広い活動をつづけながら、新たな勉強が加わったわけだ。彼の生きざまは、たくましく、そして、いつも前向き、自らを高めるために努力を惜しまない。

常に自己の信念にもとづいて真摯に生きつづけようとしている彼から学ぶことは実に多い。

彼は常に前進し止まることを知らないかのようだ。これは彼に限らず教師の宿命のようなものなのだろう。

ii　未来を信じて常に明るく生きる教師・宮村宏さん

〝ひげしゃん〟の愛称で生徒はもちろん、仲間からも父母からも親しまれている宮村宏さん（現人吉球磨美術〈絵画〉連盟代表）は中学校の美術の教師だった。彼の家には土曜、日曜になると生徒や卒業生が押しかけてきた。彼もまた多忙きわまる日常生活なのに、遊びにくる生徒たちと気楽に接していた。

「遊んどれ。おれはちょっと会議に行ってくるけん」などと言い残して、さっさと出かけてしまう。その彼のくったくのなさ。どこまでも明るいムードが生徒たちの人気を得ていたのだろうと思う。

なお、彼は〝百万人といえどもわれゆかん〟という正義感の持ち主でもある。私はともすると意見が対立したとき（特に孤立したとき）感情的になりがちだ。ところが、彼は、いろいろな会合などで運動上の意見が対立してたとえ孤立しても決して臆せず、明るいトーンで堂々と自説を述べている。彼のゆるがぬ教育的信念や思想が明るさ、磊落《らいらく》さを生むのだろう。

大学時代、落語研究会で活動していたというだけあって、周りの人々を明るい笑いに誘っている。しかも、その笑いは軽率なうわべだけの笑いではない。彼は一人ひとりの気持ちをよくつかんでいる。集団が落ち込み、しらけているときもみんなの気分を引き立て、明るくもり上げる力量を持っている。

これは、彼の思想と行動にきちんと裏づけられたものであるからだろう。私は彼のそこにひかれるのである。揺れ、浮沈の激しい私など大いに学ぶべきことだ。

iii　確固たる社会観、世界観を持つ教師・中務千秋さん

生徒から人気のある教師は何かユニークな魅力を持っているものだ。中務千秋さん（現人吉球磨九条の会事務局長）の家にも気軽に生徒たちが出入りしていた。

〝世直し〟運動に情熱を燃やす彼の一日はじつにすさまじいものだ。現職中は、生徒会活動などで放課後遅くまでがんばり、その足で息つく間もなく走りまわっていた。

親や卒業生から相談の電話があれば、たとえ夜であってもおっくうがらずに車を走らせて、心ゆくまで相談にのるという温かさがある。学習の遅れた生徒をわが家に招いたり、家庭を訪ねたりしての基礎学習の指導にも熱を入れている。

心臓を患っている彼にはむりが禁物。顔色が悪いとき私は〝むりするな、ときどき休め〟と再三再四注意するのだが、それでも彼はせかせかと〝世直し運動〟に動きまわっていた。

連日連夜の活動で、十一時、十二時の帰宅がつづく彼に「教材研究はいつやるのか」と聞いてみたことがあった。すると、彼は、「どんなに疲れていても、翌日の授業の指導のポイントだけは最低押さえるよう努力している。でないと出勤の足が重い」というのだ。また、彼は遠距離への出張や諸会合や研究会の参加にはなるべく交通機関を利用し、読書の時間にあてていた。

理科の教師である彼は科教協（科学教育研究協議会）の中心メンバーとしてレポートを出すのはもちろん、会の運営にも積極的にかかわっていた。

このように社会的活動に意欲をもやす一方、こと教育に関しては手を抜かないところが中務さんの魅力だ。

ⅳ　専門教科に自信の持てる教師・尾方保之さん

人吉球磨の郷土史に素材を求めて脚本を作り、文化祭で創作劇として発表をつづけて定年退職した尾方保之さん（現人吉求麻郷土研究会事務局長）の研究熱心さには学ばされる。口数の少ない地味な性格の彼はこつこつと努力し、専門教科（社会）において、誰にもひけをとらない学識を身につけている。彼は社会科関係の専門書を意欲的に買い込み、もろもろの活動の合間をぬって読みこなし、実践に生かしていた。

足かけ六年という長い歳月をかけてまとめた「農業構造改善事業の問題点」の中で、〝この事業は失敗であった〟と、当時ではきわめて注目すべき発表をしている。長期の調査期間、こつこつと会合を重ね、リードしていく彼の地味な努力に私はいつも学び、今も学んでいる。なお彼には、社会科の授業で生まれた次のような詩がある。

父ちゃんが死んだ

多良木中学一年　岩奥正行

父ちゃんは岡山にでかせぎにいっていた
仕事中、はしげたから落ちて死んだ
電報がきても信じられなかった
死んでしまった父ちゃんにあって
声も出さず涙だけボロボロだして泣いた
妹も泣いた。じいちゃんはじっと下を向いていた

家には母ちゃんはいない
五年生と二年生の妹
それに七十一歳のおじいちゃんと僕の四人だ
ぼくは早く中学を卒業して
じいちゃんを幸せにしてやりたい

この生徒の悲劇にショックを受けた彼は、社会科の教師として、出かせぎをどう見つめ考えなければならないのかを深刻に考えたという。教師が〝出かせぎ〟の実態を正しく知らずに、現実に根ざした教育を進めることは不可能ではないかと考えたことが、『出かせぎと子どもたち』の発行に意欲を燃やしたきっかけだという。

彼は書物からだけ学び、それを切り売りするだけの教師ではなかった。常に現実を見つめ、地域に根ざし、書物で学んだことと結びつけながら、着実に実践をすすめている。彼のこのような研究姿勢は、「郷土クラブ」を作って生徒とともに仏堂や石塔などを調査するという実践にもつながっている。

自分の専門の道を仲間とともに生徒とともに究めようとする彼の研究熱心さは、教師仲間皆が認めるところだ。腰をすえて自分の目と耳と足で研究する姿勢を、私は学びとりたいと常に思いつづけてきた。

在職中から「古文書の通信講座」を受けて古文書を学び、郷土に残る古文書の解説に励んだ。著書に『概説相良藩』があり、『水上村誌』にもその研究成果を執筆している。

Ⅴ 本音で保護者とつき合う教師・嶋田正剛《まさよし》さん

「母親が変われば子どもが変わる」をモットーに雑誌『母と子』の読者会をつづけた嶋田正剛さん（現年金者組合熊本県人吉球磨支部書記長）は健康そのもの、堂々たる体躯の持ち主であった。些細なことを気にせず、信念を貫き通すバイタリティーあふれる豪快な人柄だ。かといって、無神経なのかといえば、そうではない。周りの人々に細かく気を遣うやさしさもあわせ持っているのだ。常に笑顔を絶やさずにおっとりと語りかけるように話すその話しぶりにはゆたかな実践に裏づけられ、かつ自信に満ちていた。そこに多くの保護者はひきつけられたのではないかと思う。

先に挙げた『母と子』の読者会は数えて五十回つづいたという。そのつど「読者だより」を発行。夕食後、勤務校区へUターンし夜遅くまでの読者会。集いくるお母さんたちと楽しく語らいながらも、たんなるおしゃべり会ではなく、一本筋が通っているところが、この会の魅力だ。会の最後に彼は、あいさつを兼ねてかならず「まとめ」をしていたという。そのまとめの中で、彼の教育的信念を臆せずきちんと述べるのだ。そのような本音のつきあいが「読者会」を長つづきさせたし、値打ちでもあったのだろう。

私も一度この会に招かれて話をする機会があったが、会員のお母さん方がじつに明るくつたくがないのだ。教育・子育ての本質にかかわる質問がどんどん飛び出る質の高い会合だったのを思い出す。真実を知るためならどんなに言いにくいことも率直に出し合う会なのであった。

「母親は教師と学校のこと、子どものこと、地域のことを腹の底から語り合いたいという要求を持っている。読者会をすることによってこの要求に応えていきたい」と彼はそのころくり返し語っていた。

とにかく、ものごとから逃げたり、ものごとをごまかしたりするような姑息《こそく》なことを一切やらない嶋田さんの豪快な人間性に私は惚れ込み、杯を酌みかわしてきた。

早乙女勝元平和の旅、九平研平和の旅、映画センター、映画文化協会(映文協)、子どもの生活文化を語る会、多喜二・百合子を語る早春・文化の集いなど、多くの教育・文化・平和運動などでともに仲よく歩いてきたが、呑んだ酒の量は教師仲間の中では彼との回数が最も多いのではなかろうか。これからもお互い元気に杯を酌みかわしていきたいものだ。

Ⅵ　寸暇を惜しんで読書する教師・黒原重史さん

ひと月に二十冊以上の本を買い込み、赤えんぴつでどんどん線を引きながら月に十冊以上は読破していたという黒原重史さん（元錦中学校美術教師）の読書ぶりに私はいつも敬服している。私のように〝つんどく〟ではなく、買ったらすぐ読む習慣をつけているのだという。職員室でも暇を見つけて読みふけっている姿を見て刺激を受けたのだが、なかなか私の読書量は増えなかった。

彼は、感動した本を職員会議で紹介し、書店に注文して販売してもらうという活動もつづけていた。自分の感動を仲間に広げることを忘れないところが、たんなる〝本の虫〟の読書家ではない読書家と言われるゆえんである。

〝友だちとの交わりのない本の虫では困る〟ということがよく言われる。黒原さんの読書の場合、その読書は彼の社会的・教育的活動を支え、現実を見つめる力として大きく働いていることが言えよう。「先生たちは本を読まない。いちばん読まなければならない職業なのに」とは北御門《きたみかど》二郎先生（Ⅲ章参照）のことばだ。私も先生に会うたびに刺激を受けたのだが、すぐさめてしまう。

黒原さんのように寸暇を惜しんで読書する教師でありたいと願っている。生徒に読書をすすめる教師としてきわめて当然のことではなかろうか。

私も何とか黒原さんに見ならいたいと思いつづけて今日に至っている。

こうして書き進めていくと、私の周りにも限りなく魅力ある仲間たちがいた。私は、仲間たちの魅力にひかれ、仲間たちのよさから学びながら、これからもひとりの人間として日々成長していきたいと願っている。

私は、現実に負けない、自分に負けない、克己心とヒューマニズムにあふれた人間でありたい、人間と社会の変革の可能性を具象化できる人間でありたいと願って教職の日々を送ってきた。

以上、恩師や私の親しい仲間たちを通して教師の魅力について述べてみた。まとめると次のようになると思う。

① 生きることに真摯で、いつも前進するたくましい教師
② 仲間を思いやる、やさしく広い心を持った教師
③ 決して、差別をしない教師
④ 人間としての怒りを持つ教師

⑤　逃げない、ごまかさない正義感の強い教師

4　やさしさと厳しさのある教師

かつて、新卒の女教師Kさんと同学年になったときのことだ。Kさんは〝若くて美しくてかわいい〟と生徒たちからたいへんな評判だった。私たち中年教師はまったく影がうすくなり、〝K先生なしでは明けない〟毎日だった。私の学級の男子などは「K先生の学級がよか」と面と向かって言いにくるしまつだ。

Kさんは、生徒の要求のままレクリエーションには応じるし、遅刻をしても「今度から注意してね」とにこっと笑い返すだけで、宿題を忘れても厳しい点検をしようとはしなかった。何事によらず、学級の問題として取り組み追求させる私の学級などとは比較されっぱなし。それでも、

「Kさん、厳しくすべきところは厳しくせんと甘やかすだけではだめばい」

とたしなめたりもした。「はい」とすなおに聞いてくれるのだが、私たち同僚の意見が意見として通らないのをもどかしく思って見ていた。

二学期も半ばを過ぎたころ、Kさんは風邪をこじらせて十日ばかり入院した。これを機に

学級は荒れだした。ボスが表面化して、学級を支配し始めた。部活動中心のグループやひとりぼっちの子や、いじめられっ子とさまざまな問題が一挙に噴き出した。学級はたんなる群れと化してしまい、リーダーのない学級、授業が成立しない学級となってしまった。学年担当の教師が入れ代わり立ち代わり〝説教〟しても簡単に変わる状態ではなかった。根は深かったのだ。彼女の〝やさしさ〟はやさしさではなく、たんなる〝甘やかし〟〝放任〟だったわけだ。

復帰後Kさんはこのことをきっかけに、同僚にも積極的に相談するようになり、サークルや研究会にも努力して参加するようになった。彼女は当時を振り返り、「私はあのころ、教育の目的もきちんと持っておらず、生徒を愛する心にも欠けていた。ただ、その場をとりつくろい、なおざりの教育をしていた」と語っていた。

ところで、〝日本のお母ちゃん〟という異名を持つ中堅の女教師のことにも触れてみたい。家庭科の教師であるMさんは〝やさしさの固まり〟のような人だと生徒や同僚から言われている人で、ことばづかいといい仕草といいじつにやさしいのだ。

ちなみに男女を問わず、教師はことばづかいが荒いと言われている。私などその最たるものだ。ところが、このMさんはちがうのである。どんな場合でもじつにていねいなことばづかいをする。こんなていねいなことばづかいで元気盛りの中学生の指導ができるのかと思うほどである。日ごろやさしく振るまっている彼女が、ある日、全校生徒七百名を前に生活指導を行った。

「これから大切なことを言いますよ。みんな聞いてね」と前置きをするときの彼女の目の鋭さ、声の張りに、ざわついていた生徒たちがしずまった。完全に私語がなくなるまで彼女はがまん強く待つ。そして、ことばを選んで一つひとつていねいなことばで万引きがいかに卑劣な行為であるかを説いた。〝人間として許せない生徒の行為については一歩も退かない〟という気概と生徒を愛するやさしい心が生徒の心の琴線に触れるのだろう。ここぞというところでは語調を強めて語る彼女の話に生徒たちはうなずいていた。

教師が心を込めて体で語れば生徒の心を揺り動かすことができることをMさんはいつも私たちに示してくれていた。

厳しさとは、このMさんのようにやさしさに支えられたもの、人間を愛するやさしい心からにじみ出てくるものなのだろう。

ところで、「好きな教師、嫌いな教師」という中学生のアンケートが教育雑誌などによく紹介されている。それを見ると生徒たちは〝やさしい先生〟を挙げ、同時に〝厳しい先生〟をも挙げる。やさしさと厳しさの両方を教師に求めていることが、このことからもよくわかるのである。

5　人生を語る教師

急速におとなに近づく思春期の彼らは、もっとも身近な存在である教師から多くの影響を受けて育つ。だから教師は〝人生の教科書〟として彼らの疑問に応えていかなければならない。

心の内に向かい始める彼らは、自分の能力・容貌などについても悩みを持ち始める。〝生きるとはどういうことか〟〝勉強はなんのためにするのか〟〝人間の値うちっていったいなんだ〟など多くの疑問を持ち、人生に対して懐疑的になっていく。

親は感性的に子どもをとらえるが、教師は中学生の発達心理、青年期の心理を客観的にとらえて、その場で機敏に応対していかなければならない。

彼らの人生への疑問に応えるには、自分の生きざまを生徒に率直に語ることも大切ではないだろうか。

そんな意味で私は生徒に自分の〝活動報告〟をしていた。たとえば週末の学活で、

「今日の土曜日はね。僕は三つ会議があるんだ。二時から平和教育委員会だ。映画『せんせい』の試写を観て、核問題について話し合うことになっている。五時からは作文の会。文詩

集『やまぎり』の編集会議がある。七時半からわらび座の実行委員会。帰り着くのは十時過ぎかな。明日の日曜日も午前中は子ども劇場の十周年記念祝賀会。午後は名作映画の鑑賞会だ。忙しいけれどもがんばるぞ。みんなも充実した土曜、日曜を過ごせよ。だれがいちばんがんばるか、がんばり競争だ」などと言っていた。

飲み過ぎて二日酔いの朝などには「ゆうべは会議のあとみんなで一杯飲んだんだ。いろいろと語り合って勉強にもなったし、楽しかったよ。しかし、ちょっと飲み過ぎた。でも授業はちゃんとがんばるぞ。さあ、始めるぞ……」と自らを励ますように言うのだ。

中学生はおとなのこのような生活をある程度理解する。そのような中から〝人生〟をかぎとっていくのではないかと思う。教師が自らの生きざまをざっくばらんに語るとき、子どもたちはその教師に親近感を覚え、いろいろな相談を持ちかけてくるようになるのではないだろうか。

〝悩みの相談相手は誰か〟などというアンケート結果を見ると、どの調査でも「先生」は下位に甘んじている。それだけ教師は〝人生の先達〟としての役割を果たしていないもののようだ。青年期に近づく中学生に生きるめあてを示し、人生を語る力量を教師はつけなければならないと思いつつも、なすことなく教職を終えたことが悔やまれる。

3 〝教育三悪〟に抗《あらが》いつづけて

人吉くま作文の会（会長・桑原寛、事務局長・吉村義秋）の主催で私の退職祝賀会が百五十人の出席のもと盛大に催された。一九九八（平成十）年五月八日のことだった。その祝宴の場で聞いたある若い女教師のことばを今、思い出している。

「先生の教職生活はさびしいことが多かったとじゃないですか。先生の発言には賛成者が少なくいつも孤軍奮闘だったようですから。私もついていけないことがいっぱいありましたもん。あれは先生が組合員だからその方針に沿って発言されていたんですか。組合員でない私がなまいき言ってすみません」

私は彼女の問いかけに対して、

「確かに少数派だったよね。しかし、だけんこそ楽しみもあったよ。賛同者を増やすという楽しみが——。それに組合員が少なくなったとはいえ、組合という組織が背後の力になっていたのは確かだと思う。孤立感はなかったよ」

　一章の1でくわしく述べたが、序列主義教育批判にしても、生徒の服装から生活までこと細かく決めて縛りつけるいわゆる管理主義教育にしても、日の丸掲揚や君が代斉唱を学校現場に押しつけてくる国家主義教育にしても組合員同士で対立することがあった。一枚岩とはいかなかった。組合員でない彼女はそのあたりを見抜いて〝さびしかったでしょう〟と問いかけてきたのかもしれない。

　私は〝よき組合員はよき教師たれ〟とその昔、先輩組合員からさとされたことをかたくなに守って、これらの問題に対して、そのつど反対や批判の狼煙《のろし》を上げてきた。しかし、彼女が言うようなさびしさは感じなかった。むしろ賛同者を増やすことに喜びを感じ日々を生きてきたように思う。

　私はこれら序列主義、管理主義、国家主義教育を〝教育三悪〟と呼び、学年会、職員会議、学年PTA、PTA総会などの場でも自らを励ましつつ〝三悪〟批判を重ねて退職の日を迎えたのであった。

　退職二十年目の春を迎えた今、私たちの世代が批判してきたこれらの教育問題は克服できたのだろうか。私は退職後もなお、Ⅲ章の1で触れた桑原寛さんが結成し育てた作文の会に通いつづけている。二十代、三十代の若い教師たちの現場報告や実践報告に期待しつつ月一回の例会に可能な限り顔を出す。若い人たちと喜怒哀楽を共にすることで私自身が若返るからだ。

今、私たちの世代が教育論争の場としてきた職員会議はおろか、職員朝会さえも週二回程度だという。しかも、伝達が中心である。学充（学力充実）、授業時間確保のための諸会議の削減である。私が〝教育三悪〟についての疑問や意見を述べたのは職員朝会であり、職員会議であった。時間切れで論議が尽くせない場合は会議の時間を延長したり、別途期日を設定したり、職員研修のテーマとして位置づけ論議を深めたりしたものだ。

「すべての判断を校長先生がなさいます。責任重大ですよね。校長先生も」と教職十年の女教師のことばに対して、

「校長の判断や決断に異論や反論もあるだろうに」と問い返すと、

「だって、反論を考える時間的ゆとりも場もないとですよ。私に反論する力があったとしてもの話ですけど――。日々の目の前の仕事、日記への赤ペン、生活ノート、連絡ノートへの返事、個別指導、給食指導、学級会計事務、委員会活動の指導、掃除指導、部活動などであっという間に一日が過ぎてしまいます。学校を出るのは毎日暗くなってからです。五時ごろ帰る人は誰もいないと言ってもいいくらいですよ」

「教職員の多忙さはわれわれのころと変わらんなあ。ただ私たちのころは早く帰ろうと思えば帰れたよ。今は帰りにくいらしかね。ところで今は『人事評価制度』とかいうのが導入されとるげなね。九民研（九州民間教育研究集会）で話題になっていたよ。しかもその評価が賃金につながると九民研で怒りの発言があっとったよ。われわれのころも管理職手当や主任手当の支給など賃金に格差をつける兆しは出ていたが、校長による評価が賃金格差につながるとはね」

と私が嘆くと、

「私、あきらめてます」ともう一人の若い女教師がつぶやく。

「あきらめちゃいかんばい。理不尽なことには抗議せんと」と言ったものの、昼休みに子どもたちと遊ぶ暇もなく放課後はパソコンと向きあう日々の中でまさに疲弊している状況を知ると、その先のことばがつづかないのである。月一回作文の会の例会に出てくるだけでもたいへんな負担なのではないかと思えてくる。

軍国主義の権化のような「日の丸・君が代」を教育現場に執拗に押しつけてくることに対して「教え子を再び戦場に送るな」のスローガンを持つ教職員組合も一教師としての私も抗いつづけてきた。退職して二十年、教育現場における「日の丸・君が代」の強制はますますひどくなってきた。

ついには「森友学園」（大阪）という時代錯誤もはなはだしい学園が現れた。この学園が運営する塚本幼稚園では、こともあろうに「教育勅語」を暗唱させているというのだ。背筋の凍る話だ。私たちがかつて反対したにもかかわらず改悪された現行の教育基本法にさえも違反する内容である。しかも、この学園の名誉校長には安倍晋三総理夫人が就いているという（国有地不正売買事件発覚後の本年三月、辞任）。

今後、安倍政権に擁護されてこのような学校がはびこっていく可能性は十分にある。森友学園は誰のための教育をしようとしているのであろうか。教育は国民のものなのだ。

〝教育を国民の手に〟という文言もまた私たちの世代のスローガンであった。これからもそうありつづけてほしいものだ。

終章　平和のバトンをつなぐ

1　文化薫るふるさと人吉球磨の映画運動と人の輪

1　人吉球磨に映画センターの旗を

一九七三（昭和四十八）年六月七日。徳永亮《あきら》さんと初めて出会った日である。黒縁めがねの笑顔の青年が、人吉市の教育会館に訪ねてきた。私は教職員組合の書記長（専従）として、その日も電話や来客の応対に忙しく、しばらく応接室で待ってもらったあとで会った。彼はおもむろに名刺をさし出した。「熊本映画センター代表」とある。

「やあ、映画の仕事ばなさっとるんですか。私も映画大好きでですね。学生時代は〝映研〟に入っとりました。教職についてからも、人吉一中、五木二中、上村中、多良木中と、どこの学校に転勤しても映画の係ばしてきました」と自己紹介する私に彼は満面の笑顔で握手を求めてきた。

腰のタオルで汗をふきながら、「それほどに映画大好き先生ならば話の早かです」と古びたカバンから映画「どぶ川学級」（原作・須長茂夫　監督・橘祐典　一九七二年）の資料を出し、教職員組合が中心になって人吉球磨地区でぜひ上映運動を起こしてほしいと熱っぽく語る。「この映画は日本の教育と日本の映画の将来に大きくかかわるすぐれた映画です」

彼は映画館で上映されにくい独立プロ系の映画を上映・普及する仕事に魅力を感じ、会社を辞めてこの仕事に飛び込んだという。「おやじが就職祝いにくれた中古車のライトバンが今の私の全財産です」とも言った。生活の厳しさが彼の身なりからもうかがえた。背広のそでがすり切れていたのを今も思い出す。

「どぶ川学級」の上映は人吉市で二千人の目標をはるかに超える四千五百人という大成功を収めた。実行委員長に那須明さん（地区労議長・故人）、事務局長に村山政一さん（地区労事務局長・同）、事務局次長に私が就いての取り組みだった。そのうねりは郡部にも広がり、三地区（湯前、多良木、免田）で四千人の観客を数えた。

徳永さんは上映運動を成功させる一方で「人吉映画センター」の旗を掲げてほしいとしきりに私に勧めた。私は彼に押し切られた形で、一九七五（昭和五十）年、「人吉映画センター」の結成を決意した。初代代表、桑原寛さん亡きあとを継いで現在代表を務め、結成当初からの理事の尾方保之、嶋田正剛《まさよし》さん（いずれも元教師）らとともに活動している。徳永さんは今七十六歳。還暦を過ぎたころから体調を崩したため、熊本映画センター代表は徳永さんが育てた木村雄一さんが引き継いだ。二十代の初めから映画センターとともに歩いてきた木村さんもやがて還暦を迎える。

その映画センターも昨年の熊本地震で大打撃を受けた。私がようやく被災地入りしたのは発生から半月後の五月一日であった。まず、映画運動の砦ともいえる水前寺にある映画センターの事務所を訪ねるとビルの壁は一面に亀裂が入り、危険家屋の赤紙が貼り出され、事務所は手のつけようもない状態だった。いつも悠然と構えている木村雄一代表もさすがに溜め息が絶えない。全国映画センターの副議長の吉村秀二さん（九州シネマアルチ代表）が福岡から駆けつけ、三人で今後の対策を練り合う。年度初めで営業の忙しいなか一日を費やしてくれる吉村さんの同業者としての連帯に感謝の思いが込み上げてくる。吉村さんはすでに竹内守議長（京都映画センター代表）、舟橋一良事務局長（埼玉映画文化協会代表）と三役会議を持ち、「熊本映画センターの灯を消すな」のアピール文を全国の映画センターに送信していたのであった。

そのアピールに応え全国各地の映画センターは一斉に上映会場でカンパを訴えて、全国の映画ファンから百五十万円を超える支援金をいただいた。その支援金によって当座をしのぐことができ感謝にたえない。なんとしても立ち上がらなければならないとの思いを強くしているところだ。

この被災体験を記憶し伝えていくことはわれわれ被災地に住む者の義務だと木村さんと話し合っている。幸い、昨年暮れに木村さんや私と共通の友人である熊本出版文化会館（熊本市西区二本木）代表の廣島正さんの好意で彼の持つビルの一室を確保できた。きわめて牛歩ながら映画センターの灯を消してはならぬと支援していただいた皆さんの心に応えねばと昨年六月以降「映画で熊本を元気にプロジェクト、県興行組合（ＤＥＮＫＩＫＡＮ）、映画センター」が協力して被災地、避難所上映に取り組んでいる。

上映作品は「うつくしいひと」「男はつらいよ」「ミニオンズ」「アンパンマン」「カンフーパンダ」「十五少年漂流記」など。上映箇所は、平成音楽大学、秋津保育園集会所、坪井繁栄会復興支援祭り、健軍文化ホール会議室、富合文化ホール、西原村図書館二階、大津町町民ホール、中央区女性センター、益城町仮設住宅集会所1、益城町仮設住宅集会所2、益城町ＪＡ益城2階などである。

私は一九七五年、全国映画センターに加盟して以来毎年、現職中も退職後も総会にだけは出席し山あり谷ありの映画センターを見つづけてきた。今年五月の総会にももちろん出席し、被災地で映画センターの灯を消さぬ取り組みを報告したいと思っている。

なお、現在被災家屋十八万棟、自宅に帰れない人四万人弱、文化施設は七〇%使えないなど復興への道は厳しい。

2　名画の鑑賞活動百回に

映画の鑑賞組織、人吉くま映画文化協会（以下「映文協」）が発足したのは一九七七（昭和五十二）年十二月三日だ。映画センターが紹介する映画をそのつど実行委員会をつくって上映していては時間のロスも大きいからだ。結成準備会を重ね、ほぼまとまったところで会長の人選となった。

「今夜、産婦人科医の穴井那津二《なつじ》先生に頼みに行ってくるけん、楽しみに待っとんない。多分受けてもらえると思うよ」

事務局長に内定していた私に伊勢戸《いせと》明さん（当時、人吉新聞）からの電話だ。結果は快諾。「青春は戻らぬが名画は戻る」の名言を吐いての会長就任だった。会長を引き受けていただいた穴井初代会長はその直後、人吉新聞に次のような文章を投稿をなさっている。

先日久し振りに、伊勢戸氏と三原氏が連れ立って現われた。何かピンとくるものがあり、これは気を緩めたらアカンゾと、初めのうちは警戒していたが、アルコールが胃の三分の二を充たす頃には、こちらの方が気炎を上げていた。

その際何故か映画の話が出た。（実は二人が来たのは、その映画の話が本筋であった）

映画といえば、僕は「仔鹿物語」が浮かんで来る。昭和二十年日本の敗戦で陸士が失くなり、僕は五高に転入学した。五高の生活は、今迄の陸士時代と違い、自治の精神をモットーに、自由にのびのびと、自分の好きな勉強ができた。落第のことを考えなければ、或る者は講義をサボってどんどん世界的な名著を読み、或る者は街に出て名画を鑑賞し、音楽を聞き、自分を成長させていった。

あの二十一歳で見た仔鹿物語！　あの大自然のロマンの中での子供と仔鹿の愛情。今でも目を閉じれば懐かしい場面が走馬燈の如く浮かんで来る。

そうしてこの映画の為に僕は五高を卒業すると、両親の反対をも振り切って、北海道大学を受験し僕の一生は決まった。

所《（ママ）》でさき程の二人の酔っぱらいの話は、そういう名画を、時々人吉に呼ぼうという事だ。賛成、大賛成！　僕の青春は戻らないが、名画は戻る。しかし二人が我が家を辞する時には、僕が名画を呼び寄せ人代表とか。してやられた。（「人吉新聞」一九五二年十月二十一日掲載）

往年の名画を鑑賞する「映文協名画会」を発足と同時に始めた。第一回は穴井会長の提案により今井正監督の「また逢う日まで」。会場の人吉市の医師会館は八十八人の会員で満杯だった。「八十八とは縁起のよか数字ばい。末広がりに広がっていくじゃろう。よかった、よかった」と喜び合ったのをつい昨日のことのように思い出す。

三巻のフィルムを一台の十六ミリ映写機で上映するのだが、映写技師は眼科医の竹田卓哉先生。フィルムを巻き戻して次のフィルムに替える〝幕あい〟を利用してのミニ解説は、内科医の鳥越健嗣《けんじ》先生と「ごんどうりょう」のペンネームを持つ小児科医の権頭亮先生の担当だった。これが好評で、このミニ解説を目当てに参加する人もいたほどだ。医師会リーダー格の穴井先生の要請でこぞって協力されたのである。

会長就任三年後、医師会の健康診断で肝臓癌がみつかり、手術後の気丈な復帰宣言もむなしく、あわただしく帰らぬ人となられた。一九八一年十一月十一日のことだった。あの日の私たち映文協運営委員の驚愕、失望、落胆、悲しみがきのうのことのようによみがえってくる。

「ぼくの後は瀬戸くんがいい」との穴井先生の遺言を受け、

「情熱的で行動的だった穴井先生には及びもつきませんが、先生の遺志を受け継ぎ、映文協に光をともしつづける仕事をさせていただきます」

と、人吉市で産婦人科医院を開業する瀬戸致行《ちこう》先生が二代目会長に就き、はや三十五年。映文協活動四本柱の一つである名画会は一昨年五月の例会でめでたく百回目を迎えた。

私はバトンタッチしなければと思いつつあっという間に二十二年間も事務局長をつづけてしまっていた。行動力抜群の越替《こしがえ》正典さん（中学理科教師）に引き継いだときの喜びは今も忘れることができない。それから九年務めた越替さんが、当時事務局次長だった周りを温かく包み込むおっとりタイプの秋丸貴敏《きとし》さん（小学教師）に継いで六年。よくぞ現職教師で三十七年間もつないできたものだ。

私の家の近くに〝映画大好きな青年〟がいることは風の便りに知っていた。私はその青年をなんとかして映文協運営委員に迎え入れたいと思いアプローチをくり返した。

九州電力を定年退職した立場《たてば》和彦さんである。運営委員三年目の春には厳しい学校現場と両立させての秋丸事務局長の苦労を見かねて四代目事務局長に就任し今日に至っている。彼は根っからの映画ファン。高校時代はまさに映画づけだったという。その彼が九電労組青年部の慰安旅行で行った先は由布院だった。一九八六（昭和六十一）年第十回由布院映画祭に参加することがメインだったという。この映画祭の内容の豊かさにひかれた彼はその後今年の四十一回までただの一回も欠かさない常連である。

立場さんは企画力、実務能力抜群。組織力もある。二〇一五（平成二十七）年一月の第二十七回ひとよし映画祭の「ペコロスの母に会いに行く」は六百五十人の観客で成功。その慰労会で立場さんが言ったものだ。

「五月の第百回記念名画会は〝健さん〟でいきましょうか。二百五本の中からみんなで選びまっしょい。大成功させてあとは祝賀会といきましょう」

映文協は穴井会長から今日まで行事のたびごとに必ずといっていいほど酒を飲んできた。彼もまた無類の酒好きである。

2　平和は宝――九条の会を中心に

1　中務千秋さんの大手術と長《ちょう》さん

前章2の3で紹介した中務千秋さんは四十七歳のとき心臓の大手術を受けた。延々六時間に及ぶ手術は無事成功した。つき添っていた私は中務さんの兄の健さん（中学社会科教師）や妻恵美さん（中学家庭科教師）らと手を取り合って喜んだ。

長さんこと長曽我部勇治さん（熊本市小学校教師）は長身を折り曲げて私の両手を握りしめて、「よかったですね、ほんとによかった」と声をふるわせて涙ぐんでいたのを昨日のことのように思い出す。私は熊本市に出かけるたびに新築なった彼の家に泊まり，夫人の祥子さん（中学校音楽科教師）の手料理に舌鼓を打ちつつ長さんと教育を語り、平和を語り、映画を語り合ったものだった。子どものいない長さん夫妻の家はいつもきちんと整理され、掃除も行き届き、まるでホテルに泊まっているような快適さがあった。

長さんは人吉球磨に勤務のころ私の誘いを受けて映文協運営委員となり、一緒に宣伝カーに乗ってまわり、出身地の熊本市に転勤すると熊本市映画センターの代表となり、熊本県映画センター連絡会議の一員として活躍した。中でも私が在職中から映画化をプロダクションに働きかけていた『少年の目』（黒藪次男著・新日本出版社）が日中合作映画「チンパオ」（監督中田新一・主演田村高廣）として映画化が決定したときの長さんの喜びようが鮮やかによみがってくる。

「上田先生、永年の夢が実現してよかったですね。退職早々、映画の企画者として熊本にアパートを借りての独り暮らし。しかも製作資金づくりがその中心とは厳しい仕事ですよね。ばってんぼくも、学校の帰りには可能な限りアパート（事務局）に寄りますよ。一緒にがんばりましょう」と、手放しの喜びようだった。

熊本市での完成披露試写会の会場から出てきた長さんの目は真っ赤だった。黙って私の手を握りしめた。

長さんも私もビール党。ジョッキを握りながら、多忙きわまる小学教師の長さんに思いきって一気に語りかけた。

「長さん、この『チンパオ』の事前指導資料ばつくれば学校上映も広がっとじゃなかろうかと思うとたい。資料はおれたちのほうでつくるけん、長さんは『チンパオ』の指導案ばつくってくれんね。それも小学校と中学校の二種類――」

長さんはにっこり笑みつつ、

「よかですよ。ちょっと時間がかかるかもしれませんが引き受けました。先生の製作資金集めの苦労に比べれば大したことじゃなかですよ」

一週間ばかりで彼はワープロ入力した指導案を届けてくれた。その指導案の中の最初の柱「ねらい」のみ引用しておきたい。

〈ねらい〉（小学校）
○チンパオの目を通して、日本軍の加害の実相を知るとともに、戦争というものが人の命、心まで奪う非人間的な行為であることを理解させる。
○日本と中国における過去の歴史的事実（加害）を正確に伝え、考えさせ、今後両国の信頼と友好を築くにふさわしい歴史認識と未来への展望を持たせる。
〈ねらい〉（中学・高校）
○チンパオの目を通して、日本軍の加害の実相を知るとともに、加害の責任に悩み、苦しむ相澤の心情を考え、加害—被害であることを理解する。
○謝罪を決意する相澤の心情を考えるとともに、今後両国の信頼と友好を築くにふさわしい歴史認識と未来への展望を持たせる。

この指導案は映画センター全国連絡会議を通して全国で活用された。

「チンパオ」は鑑賞した多くの人たちの感動を呼び、全国各地でも好評裡に上映が進み、公開の二〇〇〇（平成十二）年三月の県内鑑賞者は二万人に達した。人吉球磨の中学校十八校中十一校で上映され、長さんの指導案が各地での事前指導に生かされた。

長さんはその四年後の二〇〇四年十一月、胃癌が肺に転移し、苦しみながら五十代の若さで亡くなった。葬儀場には担任クラスの児童たちやその保護者、卒業した中学生たちでいっぱいだった。私より十歳も若い志なかばの彼の死は惜しみてもあまりある。

2 千秋くんの平和への執念

私は中務さんと同勤したことはない。地域の文化運動や平和運動を通して知り合った仲だ。「なかつかさ」が呼びにくいので私は「千秋くん」、最近は「ちあき」と呼んで親しんでいる。彼は心臓手術の成功のあと、その心臓をいたわりつつ前節で述べたとおり全力投球で無事定年を迎えた。

定年後の彼は七十の古希までは元気に活動したいと、現役時代同様の活動をつづけてきたが今年早くも喜寿を迎え、なお意気盛んだ。会員維持のためにも毎月気の抜けない市民劇場の代表のほか、人吉球磨九条の会の事務局長も務めている。その九条の会立ち上げのきっかけをつくったのは彼の迸《ほとばし》るような平和への思いからなのだ。

「ぼくはなあ、忘れもしないが、二〇〇三年の三月二十日の早朝にアメリカによるイラク攻撃が開始されたというテレビニュースが一斉に流された朝のことだった。これからの世界はどうなるのかと、居ても立ってもおられず、まずはこのアメリカの暴挙を人吉市民に訴えてイラク攻撃やめよの世論を高めなければと、日本共産党人吉市委員会の宣伝カーに飛び乗りマイクを握って市街地をまわった。ベトナム戦争のようなことになりかねない、何十万、何百万の死者が出るかもわからない。このような無謀な攻撃はただちにやめさせましょうと必死にアピールしてまわった。宣伝カーのボリュームを少し落として人吉高校に近づくと、高校生たちがわっと正門前に集まってきたったい。これにゃこっちがびっくりしたなあ。ほとんどの生徒が門外に出てきてくれたったい。高校生たちにもアメリカのイラク攻撃への関心が高まっていたとだろうな。ぼくはこのことを一部の者だけの運動にしてはならないと思った。遼原の火のごとく大きく広げていこうと、地元著名人への声かけ準備会を数回開き、会の名称をどうするかも話し合い、草の根として広げるべく『憲法九条を守る人吉球磨ネットワーク』と決め、イラク攻撃からちょうど一年後の二〇〇四年三月二十日に会を立ち上げた。

その後、井上ひさし、大江健三郎さんら九名の呼びかけで中央に九条の会ができ、われわれも『ネットワーク』の語を外して『人吉球磨九条の会』としてもう十三年目になるばい」

九条の会結成のころを語ってもらったら、彼は一気にこう語ったのだった。千秋くんの体の中に九条の会はしみ込んでいるのだろう。もちろん、私も彼とともに歩いてきたつもりだが、事務局長の苦労とは比較にならない。「九条を守る」という一点での超党派の組織づくり。当事者でないとわからない気苦労も多々あったにちがいない。

九条署名の取り組みも、街頭署名、ペアを組んでの戸別訪問など多様な取り組みを展開したが、会が立てた目標数に達せず、やきもきすることも多かった。

3　一人で五万九千四百七十人　蓑輪喜作さん

九条署名といえばまず思い浮かぶ人がいる。〝九条おじさん〟こと、蓑輪喜作さんだ。東京・小金井市の武蔵野公園やその近くのバス停で憲法九条を守る署名をつづけてきた蓑輪さんが二〇一四（平成二十六）年八月五日、急逝された。八十五歳だった。地元小金井では〝九条おじさん〟と子どもたちからも親しまれてきた。二〇〇五（平成十七）年十一月「九条の会・こがねい」の発足と同時にその会員となり、十二月から署名板を持ってこつこつと九条を守る署名を集めつづけてきた。癌、心臓病、脳梗塞などいくつもの病気を抱える蓑輪さんにとっては体調と相談しながらの署名活動だった。

蓑輪さんは私も加入している新日本歌人協会の会員であった。一九四六（昭和二十一）年、十六歳で新潟県の村の小学校（母校）の用務員となり、定年退職まで四十四年間勤めた。退職を機に第一歌集『学校用務員の歌』（一九八九年）を出版している。雑誌『教育』（一九九六年九月号）誌上で百四十余首の短歌を読み、用務員人生の壮大なドラマを見る思いをしたのを覚えている。蓑輪喜作という名前を心に刻んだのもこのときだったように思う。

その蓑輪さんから「未知の人に突然こんなものをお送りしてたいへんすみませんです」の手紙入りで『九条署名の一年』という歌集が届いた。二〇〇七（平成十九）年七月のことである。「一年間で三千七百筆集めた」と巻末の「署名日記」にある。

五万九千四百七十人。蓑輪さんが九年間かけて、たった一人で集めた九条守れの署名の数である。前代未聞、ギネスブックものだ。福島原発事故を憂い、原発廃止署名に切り替えたいと意気軒昂だったのに――。

「若者は政治に関心が薄いなんていうのはうそ。署名の半分は若い人たちですよ。話しかければ応えてくれる」。蓑輪さんの言だ。

告別式には署名に応じた若者たちの姿もあったと、歌友の浅尾務さん（新日本歌人協会多摩川支部・歌集『ヘッドライト』の著者）が知らせてくれた。

毎月、新日本歌人協会誌に載る蓑輪さんの短歌に惹かれ、上京のつど蓑輪さん宅を訪ねるのがならいとなっていた。蓑輪さんからは山あり谷ありの用務員の日々をお聞きするなか、九条署名の悲喜交々《こもごも》、さらに蓑輪短歌の真髄を学んだ。

二〇一〇（平成二十二）年二月二十八日、ついに三万人に達した。三万人目に署名した若者にそのことを伝えると、若者は「九条を読ませてください」と言い、頬を紅潮させて読み終わり、手を振って去っていったという話を三度目の蓑輪宅訪問となったこの年の三月にうかがった。

蓑輪さんは署名活動を通して若者たちに絶大なる信頼をおき、署名に応えるこの若者たちがいる限り日本の未来は大丈夫。九条も守れるとくり返し語っておいでだった。その思いを詠んだ蓑輪さんの一首はこうだ。

署名終えわれに手を振る女子学生君らのあれば明日も続けん

前に述べた千秋くんは高校生たちの〝拍手〟に衝き動かされたようにして全国に先がけて九条の会を立ち上げた。蓑輪さんも若者に励まされながら一人で六万に迫る署名を集めたのである。

4　「地域九条の会」の波を

図体が大きければ年数回のイベントはできても、署名活動やテーマを決めての学習会など草の根の活動はなかなかうまく進まないということが発足二、三年後から言われ始めた。私も同じ考えだった。

人吉球磨九条の会(会員二百八十名)の裾野を広げよう、人吉球磨の全域に九条の会の組織をつくろうという機運の高まりのなか、私が居住する町を中軸にして願成寺・泉田九条の会(願泉《がんせん》九条の会)が二〇〇八(平成二十)年八月に発足した。隣町泉田の町内会長・重松隆敏さん(元市議)の協力を得ての有志二十名による旗揚げであった。願成寺も元町内会長の藤原宏さん(元中学教師)や前町内会長の美濃寛治《みのうかんじ》さん(元九州電力)ら町内会幹部の参入は立ち上げにかかわった私たち数人にとって心強い限りであった。

発会式に駆けつけた千秋くんは、

「郡部の奥ぐま九条の会につづき、市内では初めての地域九条の会です。しかも、小学校区よりさらに小さな町内九条の会の誕生です。おめでとうございます。私の校区でも立ち上げの準備会を今、二回ほど持ったところです。あとにつづきます」

と、笑顔いっぱいに祝辞を述べたのであった。

地元日刊紙・人吉新聞は、「願成寺・泉田地区　九条を守る会発足　地域単位では人吉市内で初」の見出しでくわしく報道した。千秋事務局長はこの記事の紹介とあわせて、代表に就いた木崎智さんに寄稿を求め、木崎代表の決意を紹介した。

八月八日、願成寺公民館に集い「願成寺・泉田九条の会」を発足させることができました。私は、一九四五年の終戦と同時にソ連軍に拘束され、引き続き中国共産党（当時八路軍）に強制抑留され、十三年間中国に取り残されました。その間、戦争の悲惨さやむごたらしさをいくつも体験し、また多くの方の見聞を得てまいりました。一九五八年（昭和三十三年）、最後の引揚船で舞鶴港に帰ってきましたが、その時最初に思ったことは〝日本は何と美しい国だろう〟ということでした。戦後六十三年、経済はめざましい発展と物質的に豊かで平和な日本で毎日暮らせるのは憲法九条のおかげだと思います。あらためて憲法とりわけ九条と九十九条について勉強し九条の重要性と大きさについて理解を深めることができました。と同時に、私自身、平和について、また九条への関心が薄れていたことに気づくことができました。一人の力ではどうすることもできませんが、団結することによって、憲法の根本理念「国民主権」の義務と権利を果たすことの重要性がますます高まってきている時期だと思います。このたびの願成寺・泉田九条の会の発足が、今私たちが居住している地域から賛同の輪を広めてゆく具体的な行動として、他の地域へと広がっていく一滴の「しずく」になることを願っています。（以下略）

挨拶をする願成寺泉田九条の会代表・木崎智さん

木崎さんは今年六月で九十歳。行動力抜群の勉強家。毎月欠かさず発行している願泉九条の会の会報（今年三月で一〇三号）の代表の挨拶文は毎回時宜を得た内容で、読者である会員の心をつかんでいる。

その会報担当は元高校英語教師の柳原三男さんで六十代の働き盛り。事務局会議のたびに反戦平和にかかわる新刊書を五、六冊持参し紹介する。そのほとんどに線や書き込みがびっしりのうえ、付箋がいっぱい貼ってある。たいへんな勉強家であり、アメリカの裏面を鋭く暴くと同時に、そのアメリカに操られている日本政府を痛烈に批判する。『週間金曜日』の熱心な購読者でもある。

彼は私が四十代の多良木中時代に教育実習（英語）にやってきた。国語教師の私との接点はなさそうだが、職員会議で前章で述べた〝教育三悪〟

を批判し、口角泡を飛ばしていた私をひそかに支持していたというから、縁とは不思議なものだ。その彼が多良木高校に赴任してきて、平和教育の会などで再会し、平和運動などで今日に至る。家が近いこともあって、彼の定年退職を待ちかねるようにして誘い、願泉九条の会事務局員に迎えた。今では会報発行を一手に引き受けている。しかも、その原案を事務局会に提案し、メンバーの了解を得て発刊するという民主的かつ丁寧な手つづきを踏んでの発行なのだ。

二代目事務局長は美濃寛治さんと同じ九州電力出身の立場和彦さん。実務能力に秀で、そのうえ映画大好き男。平和運動と映画運動とが私と完全に一致している意気投合の仲だ。

私たち願泉九条の会の自慢（？）は、月一回の事務局会を一回も欠かさずつづけていること。会の前半はテーマを決め、レクチャー担当を決めてはの学習会、後半は会員、会員外を問わず参加自由の開かれた事務局会であること。それと会報を一号も欠かさず発行していること。もう一つが、立場事務局長のタイムリーな呼びかけで懇親会を持ち、反戦平和について大いに語り合う楽しい会であるということである。

十年ほど前にこんな歌を私は詠んだ。

教え子を戦場に送るなのスローガン日々かすみゆく後輩よ起て

人吉球磨九条の会の成人の日署名活動

この思いはますます強くなっている。

〝平和のバトンタッチ〟をライフワークとしている私にとって、この九条の会にしても映画上映会にしてもバトンタッチの相手、つまり私にとっては現職の後輩教師がなかなか参加してくれないことへのさびしさと苛立ちは日に日に募る。

軍国主義の復活に執念を燃やす安倍暴走政治のもと、教育現場はますます厳しさを増しており、心身ともに疲れ果て、時間的なゆとりもないことを承知しつつもあえて呼びかけたい。各地で催される九条の会の集いに参加し、子どものこと、まやかしの〝教育再生〟政策のなかで学校現場がどう変えられようとしているのか、「指導死」という物騒なことばが使われるようになった過熱した部活動のありよう、その中で悩んでいることと苦しんでいることなどを率直に発言してほしいと願わずにはいられない。

5　木の葉は流れ石は沈む

九州平和教育研究協議会（九平研）が創立されたのは一九八六（昭和六十一）年十二月二十六日であった。その創立宣言の最後にこうある。

「二十一世紀をになう子どもと若者たちに、正義と人権、平和と独立をかちとる力を育てるために、全九州の平和愛好者、草の根の青年、学生、父母、教師、研究者たちの積極的な参加と結集を訴え、私たちはここに『九平研』の創立を宣言する」

その創立集会（別府）に参加していた前章の2で触れた嶋田さんはじめ中務さん、宮村さんらも次々に入会した。この章の2で述べた長曽我部さんは九平研熊本支部の支部長を引き受けるなど、当時三十代、四十代の教師たちが積極的に参加したのだった。

創立者の鎌田定夫先生(元長崎総合科学大学教授)亡きあとは二代目会長を木村朗先生(鹿児島大学教授・平和学)に引き継がれ今日に至っている。〝平和のバトンタッチ〟をライフワークとする私は、この九平研という組織をことのほか大切にしてきた。二代目事務局長の児玉哲郎さん（長崎）が体調不良のため降板のやむなきに至ったときは、なんとしても事務局長を探さねばと、長崎、鹿児島、宮崎と文字どおり東奔西走したのだった。

そしてついに神崎英一さん（鹿児島）が条件つきで承諾したときの喜びを今も鮮やかに思い出す。神崎さんが出した条件とはその年定年退職した南哲夫さん（鹿児島・中学社会科教師）がフォローしていただければということであった。こうして神崎・南コンビの強力な事務局体制ができたのだった。

ところがその一年後、私の大好きな哲ちゃんこと南さんは、沖縄の現状に居ても立ってもいられず、単身沖縄に移り住み、辺野古沖基地闘争や知事選をはじめとする各種選挙の取り組みに力を注ぎ、沖縄の情報を私に送り込む立場になった。事務局長の神崎さんには痛手だったが、私にとっては大きな力だった。〝沖縄に哲ちゃんあり〟は心強いからだ。

哲ちゃんに去られた神崎さんは四十代半ばの若手活動家。痛手にめげず年三回の会報を編集発行し、会員（八十五名）に発送している。人事考課制度など、教職員への管理と統制が強まっている教育現場にあってよくぞの活動だ。神崎さんのような平和のバトンタッチの受け手はいるのだ。私が月一回出会う作文の会の若い教師たちも映文協運営委員会に参加している現職教師も、厳しいなかでも希望を失わず奮闘しているのだ。

「石が流れて木の葉が沈む」今、〝平和〟はこのことわざのように理不尽な政治に脅かされている。

ＴＰＰの衆院強行採決、沖縄辺野古新基地・高江オスプレイヘリパッド建設強行、南スーダン派遣自衛隊への駆けつけ警護任務付与、原発再稼働、老朽原発の稼働二十年延長、衆参国会における憲法調査会始動、年金改悪、残業代ゼロ法案の国会提出策動、さらには秘密保護法、戦争法、共謀罪法（案）、緊急事態条項、核兵器禁止条約交渉国連会議への不参加など、悪政・悪法のオンパレードだ。

「木の葉は流れ石は沈む」というあたりまえの平穏な世の中を映画運動のなかで、九条の会のなかで築かなければの思いを強くしている。まさに〝平和は宝〟なのだ。

あとがき

二〇一四年の秋ころだったか、熊本日日新聞の知り合いの記者から電話が入った。読者のページに連載中の「わたしを語る」というコーナーで自分史を書いてほしいという依頼だった。とんでもない、田舎教師の私には語るべきものはなにもない、今さら恥をかく（書く）のはまっぴらごめんとその場で断った。

その年の暮れ、居酒屋で仲間たちと呑んでいるとき、携帯がブルンブルンと鳴った。熊日からだった。記者氏曰く、「上田さんには作文教育、映画運動、演劇教育、平和教育など語るべきものがたくさんあるじゃないですか。それに来年は戦後七十年の節目の年。書き残しておくべきではないですか」と。

ちょうどいい気分になっていたせいもあり、〝戦後七十年〟ということばが私の心をつかみ、つい承諾してしまった。同席していた先輩の鶴上寛治さん（元高校教師）にそのことを伝えたら、「よくぞ受けた。がんばれ。執筆にあたって私から希望を言っておこう」と言って、四つの戒めのことばを言われた。それを箇条的に整理すると、

①　身内を書くな。

② 「教え子」ということばを乱発するな。あれは上から目線だ。
③ 自慢話を書くな。
④ 思い出話は読んでいておもしろくない。

であった。熊日への執筆にあたってはこの四つを終始肝に銘じつつ書いたのを今思い出している。

旧著『ふうきゃん先生まっしぐら』を企画・出版していただいた長谷川幹男さん（エミール社社長、現青風舎代表）はインターネットを通して一回目から最終回の四十二回までを読みかつ励ましていただいた。


連載が終了して間もなくのこと、その長谷川さんから連載を本にまとめたいという話があった。

「連載には改めて感動しました。上田さんの教育理念がびんびん伝わってきます。このまま終わらせてしまうのは惜しみてもあまりあります。連載では枚数制限などがあって書きたくても書けなかったこと、省略したことが多々あったはず。出版するからには上田さんの畢生の書としたい。改めて私なりの出版企画書を作ります。青風舎は吹けば飛ぶよな弱小出版社。出版したとしてもどれだけの読者に読んでもらえるか自信はまったくありません。それでもよければぜひ青風舎からの出版のご検討を」

思ってもみないことばをいただいたが、田舎教師の、それも売れるあてもない本をと、気の毒で返事をしぶっていた。しかし、これまた酒を酌みつつつい返事をしてしまったのだった。

そんなわけで本書は酒のにおいがあちこちからぷんぷんにおう本になってしまったが、私にとってこの重大な決断には酒が大きな力を発揮してくれたようだ。そんなこともあってかあらずか、当初企画で二百四十ページ前後の予定が三百五十ページになんなんとする大部なものになってしまった。

早乙女勝元先生にはご多忙のなか身に余る序文をいただき感謝に堪えない。序文をお願いしたときも確か酒の力を借りてのお願いだった。

＊＊＊

酒と言えば、青年教師時代から家族ぐるみの交流をつづけているわが友・嶋田正剛さんにだけはそっと〝執筆〟のことを伝えていたのだが、彼は今年に入ってからは会うたびごとに、
「どうな、進んどるかな。だいぶ痩せたごたるな。執筆痩せじゃろ。うちで慰労会ばしてくるって、はよ書き上げない」

執筆がうまく進まず〝地獄の苦しみ〟を味わっているさなかの彼のさりげない励ましがいかに力になったことか計り知れない。いよいよ残るは終章のみとなったとき、私たち夫婦は吉岡弘晴さんとともに嶋田夫妻から招かれた。サワ子夫人の手づくりの料理に舌鼓を打ちつつ酒を酌みかわしたのだった。

吉岡さんは人吉出身の名古屋市民だ。余生をなつかしい人吉で送りたいとの思いが叶い、夫人の了解のもとでの一人暮らし。私とは『熊本民主文学』の執筆が縁で出会った方で、私より一つ上の先輩。嶋田さんが吉岡さんを招いたのは、妻も判読できないと嘆く私の文章を吉岡さんがパソコンで入力して手伝ってくれていることを知っていたからだ。

吉岡さんは、「次の原稿できましたか。前のは入力すみましたよ。校正に来ませんか」などとやさしく、ときにはやや厳しく励ましつづけていただいた。この人なしには今回の本は生まれなかったのではないかとさえ思う。本書の産みの親は吉岡さんと言っても過言ではない。

吉岡さんは人吉に移り住んで三年目。地域にもすっかり根づき、下青井町の老人会役員、犬童球渓の孫で前述の鶴上さんに頼まれて「犬童球渓記念館を支える会」の役員、さらに人吉球磨年金者組合の

組合員として会報に次々に投稿するなど大活躍だ。この場を借りて心からお礼を申しあげたい。

いつしか〝霧の写真家〟と呼ばれるようになったわが郷土の写真家・山口啓二さんには表紙カバーのために、八月の川辺川の朝日をとらえた素敵な写真を提供していただいた。併せてお礼申しあげたい。

さて、身内は書くなと鶴上さんの助言を守らなかったのが熊日連載の中に一回だけあった。それは最終回に書いた、今年、結婚五十一年目を迎えた妻廸子のことである。連載の一部を本書にも転載し、今年七十八歳となった妻への感謝の思いを伝えたい。

＊＊＊

「私が29歳になった初夏のころだったか、教職員組合の運動のなかで出会った先輩、堅ちゃんこと的場堅一郎さん(86)が「この写真ば見て会う気になれば俺が引き合わせる」と言った。私はその写真に〝一目ぼれ〟した。

妻が勤めていた銀行のある多良木町のレストランで私たちは会った。私はビール、妻はコーヒー。何を語り合ったか覚えていないが妻が聞き役であったことは間違いないようだ。

半年後の3月21日、私たちは結婚式を挙げた。身内に加えて、当時勤務していた五木二中の同僚全員と前任校の人吉一中の友人、保護者の祝福を受けてのスタートだった。

妻は勤めていた銀行を退職し、五木二中の職員住宅に住むことになった。私は独身時代の飲み屋や本屋のつけがたまっており、しばらくは月給日になると集金があり、家に持ち帰る袋は軽かった。それでも三つ指ついて受けとり、晩酌のビールを毎晩出してくれた。

妻は酒は飲めなかった。だが、私の相手をしているうちに結構飲めるようになった。今では『飲み方は習ったけど、やめ方は習っていません』と言っては、うまそうに飲んでいる。

若き日の妻・迪子。人吉城前の球磨川・水ノ手橋で　　（的場堅一郎さん撮影）

子育てが終わったころからは、わが家で生け花やお茶を教えたり、会社勤めをしたりして家計を支えてくれた。全国各地で開かれる各種研究会や、平和教育のためだと言っては出かける外国旅行などへの旅費も文句一つ言わずに準備してくれた。

今年春ごろから妻は原稿用紙に向かうようになった。一昨年、『戦争だけはもうこりごり』と、つぶやき逝った戦争未亡人の母親への追悼と、子や孫ら若い世代のために書き残しておきたいという思いを込めての、満州引き揚げの記録である。題して『六歳の記憶』。『読んでみて』と恥ずかしそうに差し出した原稿を読みつつ何度も胸が熱くなり、涙をこらえるのに困った。私は黙って妻の細くなった肩を抱き寄せた。」

⁂

「妻ありてこそわが教師人生」

好き勝手に生きてきた私を支え続けたわが妻迪子にこのことばを感謝の気持ちとして贈り、そして、万感の思いを込めて本書を捧げる。

二〇一七年三月

上田精一

上田精一（うえだ　せいいち）

1937 年、熊本県八代市に生まれる。

1998 年、人吉第二中学校を定年退職。

退職後、熊本大学講師（非常勤）、人吉看護専門学校講師（非常勤）を10年間務める。

現在、映画センター全国連絡会議理事、映画センター熊本県連絡会議議長、人吉映画センター代表、九州平和教育研究協議会副会長、治安維持法犠牲者国家賠償要求同盟人吉球磨支部事務局長。

【著書】

『教育はロマン』『君と感動の日々を』『学校に希望の風を』（民衆社）『ふうきゃん先生まっしぐら』（エミール社）『映画で平和を考える』『学校演劇で平和を学ぶ』（草の根出版会）

共著『中学生の児童詩教育』（百合出版）『中学校教育実践選書』（あゆみ出版）『いじめを越えて仲間づくりへ』（民衆社）『現代社会と教育・知と学び』（大月書店）『文化活動と平和』（桐書房）他

いつも子どもを真ん中に

2017年5月8日　初版第1刷発行

著　者　上田精一
発行者　長谷川幹男
発行所　青風舎
〈営業〉東京都中野区中央2-30
〈編集〉東京都青梅市裏宿町636-7
電話 0120-4120-47　FAX 042-884-2371
mail : info@seifu-sha. com
振替 00110-1-346137
印刷所　モリモト印刷株式会社
東京都新宿区東五軒町3-9

☆乱丁・落丁本はお取り替えいたします。

© UEDA Siiti 2017　Printed in Japan
ISBN 978-4-902326-59-8　C0037